KB203398

생명의 길, 사람의 길

생명의 길, 사람의 길

박재순 지음

홍성사

차례

머리글_생명과 인간의 길을 드러내는 철학

생명生命을 타고난 사람은 누구나 생명의 길, 사람의 길을 가야 한다. 그런데 오늘 우리 사회는 생명의 길, 사람의 길을 잃은 것 같다. 돈벌이를 위해서 닭, 소, 돼지를 공장식으로 사육하는 것을 보면 너무 잔혹하고 끔찍해서 밥을 먹을 수 없다. 돈 때문에 친어머니가 아들과 딸을 죽였다고 하고 아내가 남편을 남편이 아내를 죽였다고 하고 자식이 부모를 죽였다고도 한다. 초등학교와 중학교에서 폭력과 학대가 일어나서 자살하는 학생도 있다. 옛 철학자 한 사람이 밝은 대낮에 등불을 들고 사람을 찾으러 나섰던 것처럼 우리도 등불을 켜고 번쩍거리는 문명도시 속에서 사람을 찾으러 나서야 하는 것일까? 아니다. 밖에서 생명을 찾고 사람을 찾을 것이 아니다. 내 속에서 내가 먼저 생명의 길을 찾고 나 스스로 사람 구실을 하는 사람의 길을 가야 한다.

생명의 길과 인간의 길은 생명진화의 역사 속에 뚜렷이 드러나 있다. 물질 안에서 물질을 초월함으로써 생명이라는 새로운 존재의 차원이 열렸다. 물질세계에서 이루어질 수 없는 서로 다른 물질들의 공존과 상생이 생명의 세계에서 이루어졌다. 생명의 진화과정에서 생명의 본성과 목적이 분명히 드러났다. 생명은 스스로 하는 주체이면서 뗄 수 없이 하나로 통일된 전체다. 생명의 주체가 깊어지고 자유로워질수록 전체는 더욱 큰 하나로 통일된다. 주체의 깊이와 자유에서 전체의 하나 됨에 이르는 것이 생명의 본성과 목적이며 생명진화의 방향과 목적이다. 생명은 땅의 물질에서 하늘의 영성으로 진화하고 고양되어 갔다. 이러한 생명의 진화과정과 방향은 생명의 주체가 더욱 깊어지고 자유로워지며 전체가 더 크게 하나로 되는 것이었다. 물질에서 영으로 솟아올라 나아가는 생명진화의 사다리가 사람의 몸과 맘속에도 있다. 사람의 껍질에 해당하는 물질과 몸에서 사람의 속 알맹이에 해당하는 지성과 영성, 얼과 신성으로 올라가는 사다리가 있다는 말이다. 따라서 사람의 속을 깊이 파고 들어가면 물질적·신체적인 생명에서 지성과 영성, 얼과 신성의 생명으로 솟아올라 앞으로 나아갈 수 있다. 몸, 본능의 욕망, 감정과 의식을 밟아 버리는 게 아니라 끌어안고 초월하며 승화하고 고양시킨다.

사람은 파충류의 본능적 욕망(식욕과 성욕), 포유류의 감정과 기억을 가진 존재이면서 지성과 영성을 가진 존재다. 지성과 영성을 지니고 태어난 사람은 생명진화의 꼭대기 절벽 위에 선 존재와 같다. 그 절벽 위에서 사람은 다시 하늘을 향해 솟아올라 앞으로 나아가야 한다. 절벽 아래로 떨어지면 파충류와 포유류의 낮은 삶으로 전락하는 것이고 나뭇가지에 매달리는 것은 현재의 삶에 머무는 것이다. 사람이 생명진화와 인류역사의 길을 실현하고 완성하려면 현재의 삶 속에 있는 나뭇가지를 놓아 버리고 하늘로 솟아올라 앞으로 나아가야 한다. 사람의 생명 속에는 솟아올라 앞으로 나아가는 생명진화의 무궁한 힘과 지혜가 있다.

생명진화론은 흔히 적자생존과 약육강식으로 이해되었다. 이것은 생명의 진화를 현상적이고 고식적姑息的으로 이해한 것이다. 찰스 다윈도 생명의 진화가 협동의 길을 걸어왔음을 분명히 말했다. "언제든 서로 돕고 공공의 이익을 위해 자신을 희생할 준비가 되어 있는 개체가 많은 종이 거의 모든 종을 누르고 승리를 차지할 것이다. 그것이 자연선택이다." 생명의 기본구성단위인 진핵 세포는 적대적인 존재의 공생으로 생겨났고 다세포 생물은 함께 살고 함께 죽는 경이로운 공생의 생명체가 되었다.[1] 꽃을 피우지 못한 침엽수 숲을 먹어 치워서 파괴했던 공룡은 멸종했으나 포유류와 꽃피는 식물은 협동과 공존과 상생의 길을 걸음으로써 놀라운 생명의 진화를 이룩했다. 협동과 상생으로 이루어진 생명진화의 길에서 인간의 감성과 지성과 영성이 형성되었다. 꽃의 달콤한 꿀과 향기, 달고 맛난 열매는 협동과 공존과 상생의 길이 생명의 길임을 보여 준다. 사람의 맑은 눈과 의젓한 얼굴과 부드러운 손을 보면, 생각하고 말하고 그리워하는 사람의 정신을 보면 생명과 인간의 길이 협력과 협동, 공존과 상생에 있음을 알 수 있다.

오늘날 생명과 인간의 길을 드러낼 철학과 종교는 큰 혼란에 빠졌으며 제구실을 하지 못하고 있다. 지난 수백 년 동안 자연과학기술과 산업문명이 놀랍게 발달했는데 인간의 정신은 제자리걸음을 했고, 물질과 기계의 마법 같은 눈부신 변화에 철학의 눈이 멀었기 때문이다. 이윤경쟁으로 치달은 자본주의 시장경제는 인간과 사회를 물질적 욕망과 돈의 지배에 굴복하게 만들었다. 자연과학은 생명과 정신의 물질적·신체적 차원, 본능적·기계적 차원에 집중하여 생명과 물질에 관해서 많은 지식과 정보를 주었고 그 지식과 정보를 바탕으로 물질과 생명의 풍성한 세계를 열었지만 놀라운 연구 성과에 도취되어 생명과 정신에 대해서도 물질적 법칙과 기계적 환원론을 내세웠다. 자연과학은 생명과 정신을 물질적·기계적 차원으로 끌어내렸고 자본주의시장경제는 생명과 정신을 돈과 물질의 지배에 굴복시켰다. 물질적·기계적 환원론은 철학과 종교의 자리를 박탈했고 자본주의시장경제 체제 속에서 철학과 종교는 포로가 되었다. 철학과 종교는 돈과 물질의 지배와 자연과학의 환원주의를 극복하지 못했다.

인간과 인성, 생명과 정신이 돈과 물질의 지배에 굴복하거나 물질적 법칙과 기계적 환원주의에 매몰되는 것은 생명진화와 인류역사에서 드러난 생명과 인간의 길을 거스르는 것이며 생명진화와 인류역사를 부정하는 것이다. 그것은 또한 생명진화와 인류역사를 통해 이룩한 인성, 지성과 영성을 파괴하는 것이자 인간의 정신문화와 공동체적 관계를 허무는 것이다. 우리가 오늘 길을 잃고 사람답게 살지 못하는 것은 이 때문이다. 생명의 길, 사람의 길은 사람의 몸과 맘속에 새겨져 있으며, 사람다움은 사람 속에 있다. 인간이 인간 저 자신을 모르고 인간다움을 잃었다는 것은 참으로 이상한 일이다. 물질과 기계 문명의 눈부심과 번쩍거림에 눈이 멀고 정신을 잃어서 인간이 저를 잊고 생명과 인간의 길을 잠시 잃은 것이다.

씨올사상은 동서문명이 합류하고 민중의 주체적 자각운동이 일어난 한국의 근현대 역사 속에서 생겨 났으며 동서의 정신과 사상을 아우르고 민의 주체적 자각을 추구하는 민주생활 철학이다. 인간을 생명진화와 인류역사의 씨올로 파악한 씨올사상은 땅의 물질에서 생의 본능과 감정, 의식과 지성을 거쳐 하늘의 영에 이르는 역동적이고 통합적인 사상이다. 자연만물과 인간역사와 신적 세계를 아우르는 대통합의 사상이며, 스스로 하는 주체의 깊이와 자유를 추구하는 실존적이고 영적인 철학이다.

씨올사상은 '나'를 새롭게 하여 전체의 큰 나에 이르려 하며 탐진치貪瞋癡의 욕망과 감정을 살려서 정화하고 고양시켜 하늘에 닿게 하고 인간의 몸과 맘속에서 빔과 없음의 하늘을 열어 자유와 평등의 세계를 열려고 한다.

씨올사상은 인간을 몸의 본능과 욕망, 맘의 감정과 의식, 지성과 영성을 가진 종합적인 존재로 보고 욕망과 감정도 주체와 전체의 차원을 지닌 것으로 보며 이성과 영성을 통합하는 생명철학을 제시한다. 씨올사상은 몸이 성하고 맘이 놓이고 얼과 뜻이 타오르게 하는 사상이다. 씨올사상에서는 물질로 이루어진 몸을 인성의 껍질로 보고 하늘의 얼과 영을 알맹이로 보며 생각과 지성을 몸과 얼 사이를 연결하는 매체로 본다. 생명철학으로서 씨올사상은 생명과 정신의 주체와 전체를 실현하고 완성하는 철학이다. 개인의 주체와 생명의 전체를 직접 동일시하지 않고 주체의 깊이와 자유에서 전체의 하나 됨에 이르는 역동적 변화과정에 주목한다. 생명진화와 인류역사는 주체의 깊이와 자유에 이르는 과정이며 개인의 주체가 깊어지고 자유롭게 됨으로써 전체의 하나 됨에 이르는 과정이다.

주체의 깊이와 자유에서 전체의 하나 됨에 이르는 생명진화와 인류역사의 과정이 인간의 몸과 맘속에 압축되어 있다. 땅의 물질에서 하늘의 영에 이르는 생명진화의 사다리가 사람 속에 있다. 인성의 껍질인 몸에서 인성의 알맹이인 지성과 영성과 신성으로 나아가는 사다리를 인간은 타고 올라가는 존재. 무슨 힘으로, 어떻게 인간은 이 사다리를 올라가는가? 인간의 생명 속에는, 몸과 맘속에는 이제까지 생명진화의 사다리를 타고 올라온 무궁한 힘과 지혜가 있다. 인간은 스스로 하는 생각과 의식으로써 이 사다리를 타고 올라간다. 생각함으로써 인간은 제 자신의 물질과 몸, 본능과 감정을 뚫고 지성과 의식의 바다를 넘어 하늘의 영성과 신성으로 올라간다.

사람의 몸과 맘속에 있는 이 사다리는 고정된 것이 아니라 그 자체가 움직이고 변화되고 고양되는 사다리다. 사람이 사다리의 낮은 계단을 밟고 올라갈 때 낮은 단계인 몸과 본능과 감정을 버리고 올라가는 게 아니라 끌어안고 짊어지고 올라간다. 사다리를 타고 올라갈수록 몸과 본능과 감정이 고양되고 승화되어 지성화하고 영화한다. 사다리를 타고 위로 솟아올라 갈수록 생명과 정신은 앞으로 나아간다. 생명과 인간은 솟아올라 앞으로 나아가는 존재다. 생명과 역사의 씨올인 인간은 솟아올라 앞으로 나아감으로써 사람다운 사람이 되고 참 사람이 됨으로써 생명의 길, 인간의 길을 간다.

씨올사상은 생명의 길, 인간의 길로 초대하는 사상이다. 씨올사상은 완성된 사상도 아니고 고정된 사상도 아니다. 함께 생명과 인간의 길을 가면서 참 사람이 되도록 안내하는 길잡이 사상일 뿐이다. 씨올사상은 생명과 인간의 길을 가는 사람들이 스스로 다듬고 완성해 가야 할 사상이다. 생명과 인간의 길을 가면서 저마다 자신의 씨올사상을 다듬고 완성해 가야 한다.

2015년 7월 25일
북한산 기슭에서

박재순

1장 ─ 한국 현대사와 씨울사상

신라가 당나라의 도움으로 삼국을 통일한 이후 우리나라는 오랜 세월 중국 정치와 문화의 그늘 속에 살았다. 중국을 큰 나라로 섬기며 한반도 안에 웅크리고 살게 되었다. 사대주의에 길들여진 지배세력은 밖으로 힘을 뻗칠 생각은 못하고 안으로 민을 억압하고 수탈하였다. 스스로 하는 자유정신이 없었기 때문에 밖으로 활달하게 뻗어 나가지 못했고 안으로도 자생적인 민생경제와 문화를 융성하게 발달시키지 못했다.

한국의 민중은 오랜 세월 억압과 수탈 아래 짓눌려 지냈다. 민중의 정신과 삶을 억누른 것은 민족의 정체성을 잃은 사대주의, 반민주적인 신분계급질서, 비과학적인 미신과 숙명론이었다. 지배층은 사대주의에 빠져 민족을 잊었으나 바닥 생활을 하는 민중은 민족정신과 문화를 삶 속에 간직했다. 민중이 민족정신과 생명의 씨알맹이를 품고 있다. 오랜 고난의 역사 속에서 민중이 지켜온 민족정신과 생명의 씨알맹이는 더욱 풍부하고 깊어졌다.

조선왕조 말기와 일제 식민통치 시기에 우리 사회를 지배하던 권력이 약화되고 지배 이념, 즉 유교와 불교가 힘을 잃었다. 역사와 사회에 빈틈이 생기자 민중은 역사의 잠에서 깨어 꿈틀거리기 시작했다. 민중이 역사의 중심과 전면에 서게 되었을 때 서구 세력과 문화가 밀려왔다. 당시 서구 정신문화의 핵심은 민족의 독립과 주체를 강조한 민족주의, 신분계급을 타파한 민주주의, 미신과 숙명론을 거부하는 과학정신, 인간 정신의 혁신을 추구한 기독교 신앙이었다.

민중은 서구 정신문화를 역사와 사회 속에, 민중 자신의 삶과 정신 속에 제대로 받아들이고 주체로 일어설 수 있었다. 서구의 정신과 문화의 새바람이 민중을 깨워 일으켰다. 서구정신과 문화를 받아들이면서 우리 민족은 중국 중심의 동아시아 지역에서 벗어나 동서양 문화가 하나로 만나는 세계 문명의 큰 흐름 속에 들어갔다. 오랜 세월 역사의 나락에서 억눌렸던 민중의 생명력과 정신력이 서구의 새로운 문화, 민족주의와 민주주의, 과학정신과 기독교 신앙을 만나서 힘차게 분출하였다.

한국 현대사 속에서 동양 정신문화와 서양 정신문화가 창조적으로 만나고 융합할 수 있었다. 어떻게 이런 창조적 만남과 융합이 가능했을까? 그 이유를 몇 가지 들 수 있다. 첫째, 한반도가 동아시아의 변두리였기 때문에 서구 정신문화를 깊이 받아들일 수 있었다. 언제나 문명의 변두리에서 새 문명의 바람이 불어오고 새 문명이 창조된다. 동아시아 문명의 변방이었던 한반도에서 동서 문명의 깊은 창조적 만남이 이루어졌다.

둘째, 중국을 숭배하는 지배층의 권력과 이념이 약화되었기 때문에 민중이 역사의 잠에서 깨어날 수 있었고 동서문화가 깊이 창조적으로 만날 수 있었다. 일본 근현대사의 경우처럼 지배권력이 강하면 민주화운동이 일어나기도 어렵고 동서 정신문화의 깊은 만남도 이루어지기 어렵다. 도쿠가와막부 이래 300년 동안 지배권력이 근대화과정을 통제했기 때문에 일본에서는 아래로부터의 민주화운동이 활발하게 일어나지 못했으며, 3만 명의 순교자를 내고도 기독교가 제대로 뿌리를 내리지 못했다. 한국에서는 국가권력과 지배이념이 쇠퇴하고 붕괴되었기 때문에 역사의 밑바닥에서 고난 받는 민중이 자유롭고 평등하며 정의롭고 평화로운 삶을 위해 꿈틀거리며 일어날 수 있었다. 낡은 역사의 잠에서 깨어난 민중의 삶 속에서 동서양의 정신문화가 자유롭게 만났기 때문에, 동서양 정신의 알맹이와 알맹이가 만날 수 있었다.

한국은 나라가 망하고 민족이 분단되는 고통 속에서 서구문화를 받아들이고 근대화를 이루었다. 그래서 역사와 사회의 바닥에 있는 민중의 삶 속에서 동양문화는 역사의 낡은 껍데기를 벗고 서양의 정신문화를 만날 수 있었다. 서구 정신문화는 제국주의 강대국의 정복전쟁을 통해서 세계로 확산되었다. 그러나 민중의 삶 속에서 서양문화도 제국주의적인 탐욕과 정복 의지의 껍질을 벗고 동양의 정신문화를 만날 수 있었다. 역사와 사회의 밑바닥으로 내려오는 동안에 껍데기와 불순물은 정화 되고 걸러질 수 있었던 것이다. 우리 현대사에서 동서양 정신문 화의 속알맹이, 씨알맹이가 생동하는 주체로서 만나서 새로운 삶과 역사를 만들어 낼 수 있었다.

한반도에서 만난 동서양 문화의 알맹이는 무엇인가? 동아 시아 사람들은 농사를 지으며 하늘과 땅의 자연 질서에 맞추어 살려고 했다. 민중은 농촌 마을 공동체를 이루며 살았고 국가 는 농촌 마을 공동체 위에 세워졌다. 자연 생명의 전체적·유기 체적 질서와 농촌 마을 공동체의 생활에 맞추어진 동아시아 사 람들의 생각은 공동체적이고 전체적이다.

자연과 분리된 성벽을 쌓고 도시국가 안에서 권력투쟁과 권 익투쟁에 힘썼던 서구인들은 현실세계의 지식과 법칙을 탐구 하고, 개인의 권리에 대한 의식을 발달시켰으며 권리와 법에 기 초한 사회질서와 제도를 형성해 왔다. 불의한 역사 속에서 고통 을 겪었던 히브리 민중의 경전인 성서는 인간의 죄와 사회의 악 을 진지하게 다루었다. 공동체적이고 전체적인 동양의 사고, 객 관적 세계 즉 역사와 사회의 현실에 대한 과학적 탐구와 개인 의 권리의식을 강조하는 서구 이성철학, 인간의 죄성과 사회의 악을 진지하게 고려하는 성서의 사고가 한데 만날 때 비로소 개인적이고 과학적이며 현실적이고 공동체적인 정신에 이를 수

있고 이런 정신이 민주화와 산업화를 완성하고, 세계시민 정신
을 형성할 수 있다.

현대사상사:
동서의 만남과 민중의 자각을 향한 구도자적 모색

한국현대사의 중심에서 형성된 씨올사상은 동서 정신문화
의 융합과 민중의 주체적 각성을 담고 있다. 씨올사상을 정립한
유영모와 함석헌은 유기체적이고 전일적全一的인 동양의 사고를
바탕에 두었고 인간의 죄성과 사회의 악을 진지하게 고려하는
성서의 사고를 중심으로 객관적 세계에 대한 이성적 탐구와 개
인의 권리의식을 강조하는 서구철학을 깊이 받아들였다. 씨올
사상은 유영모와 함석헌에 의해서 갑자기 만들어진 것이 아니
라 한국 근현대사 속에서 오랜 탐구와 실천을 통해서 준비되고
닦여진 것이다. 우리 근현대사는 오랜 시행착오와 실패를 거치
면서 동서 정신문화의 만남과 민중의 이성적·영성적 자각을 추
구했다. 그런 의미에서 우리 근현대사는 동서문명의 만남과 민
중의 주체적 자각이라는 인류 역사의 목적과 사명을 향한 구도
자적 과정이었다. 오랜 시행착오와 실패를 거쳐 동서문명의 만
남과 민중의 자각을 추구하는 이론과 실천의 사상으로서 씨올
사상이 형성될 수 있었다. 동서 정신문화의 만남과 민중의 주체

적 자각을 향한 우리 근현대사의 탐색 과정을 살펴 보자.

실학

고인 물처럼 정체되었던 동아시아 문화권이 서구 정신과 문
화에 접하면서 도전과 자극을 받아 새로운 각성과 변화의 움직
임이 일어났다. 1601년에는 기독교가 북경에서 선교활동을 시
작하고 서양의 과학과 학문이 소개되었다. 명나라 말기와 청나
라(1644~1911) 초기에 한족漢族 학자들은 정치현실에서 벗어나
서양의 과학 문물을 받아들여서 중국의 경전, 역사, 지리, 문자,
천문역학天文曆學을 문헌의 고증을 통해 객관적으로 연구하기
시작했다. 청나라의 실학은 정치와 사회의 현실을 떠나서 옛 문
헌에서 근거를 찾는 순수한 학문이었다.

임진왜란(1592~1598)과 병자호란(1636~1637)을 거치면서 조
선의 국가체제는 크게 흔들리고 민생은 어려움에 빠졌다. 조선
에서도 서양 과학기술과 청나라 실학의 영향으로 조선의 현실
에 충실한 실질적인 학문연구가 시작되었다. 오랑캐로 여겼던
만주족이 중국을 정복하고 청나라를 세웠으므로 중국 중심의
사고에서 벗어나 조선 민족의 역사와 문화를 주체적으로 연구
하게 되었다. 지구가 둥글고 태양을 중심으로 자전과 공전을 한
다는 새로운 우주관, 별들의 운동과 거리를 계산해 내는 서양

의 과학지식과 새로운 여러 기술과 기계들은 조선의 학자들로
하여금 중국 중심의 세계에서 벗어나 새로운 세계관을 갖게 하
였다.

조선의 실학은 중국의 실학과는 달리 위기에 빠진 나라를
바로 세우고, 굶주리는 백성의 살림을 윤택하게 하려는 현실적
목적이 있었다. 조선의 역사와 문화에 대한 실질적 연구에 집중
했다는 점에서 실학은 조선민족의 문화적 자각이었다. 나라를
바로 세우고 민중의 삶을 일으켜 세우려 했다는 점에서 실학은
개혁적 성격을 분명히 가지고 있었다. 양반과 상놈의 신분제도
를 철폐하고, 토지제도를 개혁하여 나라를 부강하게 하고 민중
의 삶을 풍성하게 하려고 했다는 점에서 실학자들은 개혁적이
고 민본적인 관점을 분명히 표현하였다.

실학파 가운데 북학파인 홍대용, 박지원, 박제가, 이덕무 등
은 청나라의 문물을 적극적으로 받아들일 뿐 아니라 서양의
과학과 기술을 받아들여서 상업과 수공업을 적극 발전시켜서
부강한 나라를 만들려고 하였다. 이들은 양반사회에 대해서 통
렬하게 비판하고 풍자했으며 상공업과 농업을 높이 평가했다.
이들은 사람과 만물의 본성이 같다고 보고 만물에 대한 관심
을 높이고 만물을 적극적으로 끌어들여 생활을 풍성하게 하고
발전시키려 했다.

그러나 실학자들의 개혁정책은 군주체제 안에 머물러 있었
다. 실학을 크게 발전시킨 정약용은 민중에 대한 깊은 관심과

애정을 가지고 여러 가지 대안과 정책을 제시했으나 민중을 정치활동의 주체로 보는 민주주의의 원칙에 이르지는 못했다. 아직 시민계급이나 민중계급이 발달하지 못했기 때문에 민주정치와 민주운동을 말하는 단계에 이르지 못한 것이다. 민중을 정치권력 행사의 기준으로 삼았으나 민중을 정치권력 행사의 주체로 보지는 못했던 것이다. 이것은 정약용의 정치의식이 가진 한계일 뿐 아니라 그 시대의 제약을 드러낸다. 실학자들은 민주 원칙을 확립하지 못했고 민중과 함께 민주운동에 참여하지도 못했다.

동서 정신문화의 만남이라는 관점에서 실학은 서구의 과학지식과 기술을 포함해서 서구의 문물을 부분적이고 제한적으로 받아들였을 뿐이다. 이들은 서구의 문화와 과학지식을 전면적으로 경험할 기회가 없었고 서구인들과의 만남과 교류도 갖지 못했다. 정약용은 마테오 리치의 《천주실의》를 통해서 유교와 기독교의 만남에 이르렀을 뿐 동아시아의 유불도와 서양의 종교 철학(기독교, 이성철학)의 깊고 활달한 만남에 이르지는 못했다. 실학에서는 동서 정신문화의 만남이 초기 단계에 있었던 것이다.

개화파

1860년, 영·불 연합군이 북경을 점령하는 등 동아시아 정세는 급변하고 있었다. 북학파의 거두 박지원의 손자 박규수와 중인中人 오경석, 유홍기 등은 국제정세의 격변과 나라의 위태로움을 절실히 느끼고 서구 문물을 받아들여 근본적인 개혁을 추구하였다. 이들은 서양문물을 소개하는 중국의 서적들을 연구하면서 유력한 양반 집안의 자제들인 김옥균, 박영효, 서광범, 서재필, 유길준 등을 끌어들여 개혁의 주체를 형성하려고 하였다. 처음에 기술의 도입에 중점을 두었던 개화사상은 점차 정치와 사회의 개혁을 보다 중시하는 급진적인 개화사상으로 바뀌었다. 유길준과 김옥균이 중심에 있었다.[1]

급진 개화파인 김옥균, 박영효, 서광범 등은 청나라와 결탁한 보수세력인 민씨 일파를 타도하고 일본의 메이지 유신을 본받아 근본적인 개혁을 이루려 하였다. 이들은 먼저 청나라와의 사대관계를 끊고 조선의 자주독립을 이루고 신분의 차별을 없애고, 서양의 과학 지식뿐 아니라 사상과 제도까지 받아들이려 했다. 1884년에 청나라 군의 일부가 철수하자 이들은 일본의 도움을 약속받고 갑신정변을 일으켜 새 정부를 구성하고 개혁을 선포했다. 그러나 청나라 군대의 개입과 일본의 배신으로 이들의 개혁은 삼일천하로 끝났다. 김옥균, 박영효, 서재필 등은 일본으로 망명하고 일부는 청군에 의해 살해됨으로써 개화파는 몰락하였다.

개화파는 신분계급을 타파하고 입헌군주제와 삼권분립을 내세움으로써 서구의 민주제도에 접근하였다. 그러나 민중을 역사변혁의 주체로 생각하지 못했고 민중과 함께 역사와 사회를 바꾸어 가려는 생각조차 하지 않았다. 이들의 개혁은 민을 위한 개혁일 뿐 민이 주체로 참여하는 개혁은 아니었다. 이들의 개혁은 민중이 배제된 지식인 엘리트의 일방적인 개혁이었고 조선의 정복을 노리는 일본의 세력에 의지하는 위험한 정치적 모험이었다.

동서 정신문화의 만남이라는 관점에서 보면 개화파가 서구 문물을 적극적으로 받아들이려 한 것은 긍정적으로 평가된다. 그러나 이들이 동양과 한국의 정신문화적 주체성을 가지고 개혁을 추구한 것 같지는 않다. 동양의 깊은 정신과 문화에 대한 자각이 있었던 것 같지도 않다. 서구의 정신문화에 대한 깊은 이해와 성찰도 있었다고 할 수 없다. 이들은 서구 문물과 제도를 받아들여서 위기에 빠진 조선의 정치와 사회 경제를 개혁하려고 했다. 그러나 자신들을 포함하여 민중의 정신과 삶을 근본적으로 새롭게 하려는 도덕적·종교적 관심을 가지고 정신혁명을 추구하지는 않았다. 위기에 빠진 조선 사회를 개혁하여 바로 세우고 도탄에 빠진 민중의 삶을 구제하려는 조선 지식인들의 개혁을 위한 노력은 실학자들에게서 시작하여 개화파의 실패로 끝나고 말았다.

동학

동학東學은 아래로부터 일어난 종교적 혁명운동이었다. 몰락한 양반의 자손이었던 최제우는 서구 종교와 문물이 들어오고, 중국 중심의 세계가 무너지고 있음을 알게 되었다. 나라는 위태롭고, 민중은 굶주림과 질병으로 신음하는 것을 보고 그는 새로운 세계를 꿈꾸었다. 최제우는 세상을 떠돌며, 굶주림과 질병에 신음하는 민중의 삶을 경험하고 몸과 마음의 공부에 힘썼다. 1860년에 일종의 강신降神 체험을 하면서 몸과 맘으로 신의 존재를 느끼고 새로운 삶과 세계를 열어가는 민중종교운동을 펼쳤다.

최제우의 강신 체험은 무교 전통에 가까운 것이었다. 유교와 불교는 운이 다하였고 자신이 깨달은 새로운 도道가 새 시대를 이끌어 올 것이라고 하였다. 민중의 심정과 자리에서 생각할 때 민중을 주체로 보고 두루 통하는 사상에 이를 수 있다. 민중의 처지에서 민중의 마음으로 생각한 최제우는 서구 기독교와 문화의 도전을 받아들여 유불도를 통합한 민중종교사상을 형성했다. 그는 서양 종교문화와 세력에 맞서 그의 깨달음과 가르침을 동학이라 하였다. 그의 가르침 속에는 서구 기독교와 서구 정신문화가 반영되어 있다. 그가 신을 천주天主라 부른 것은 천주교의 영향을 나타낸다. 일본에 대해서는 강한 적개심을 가졌으나 서구 열강에 대해서는 못 이룰 일이 없는 강한 나라들이라고 보았다.

그는 시천주侍天主 사상을 내세웠다. 신을 모시면 신분의 구별 없이 누구나 군자가 된다고 하여 만민평등사상을 주장하였다. 도를 깨달은 후에 최제우는 집에 있던 두 여종을 각각 며느리로, 수양딸로 삼았다. 왕조를 비롯한 양반사회질서는 변혁되고 신분차별이 없는 지상천국이 이루어진다고 보았다.

최제우, 최시형, 손병희를 거치면서 '한울님을 모심'侍天主, '사람을 한울님으로 섬김'事人如天, '사람이 한울님'人乃天이라는 교리가 확립되었다. 동학의 이런 교리는 한민족의 근원적인 자기이해와 정신 체험에서 비롯된 것으로 보인다. 한민족, 한겨레에서 '한'은 '하늘, 한울님'을 가리키면서 한민족을 가리키는 말이 되었다. 한민족은 자신을 '한', '하늘', '한님, 한울님'과 동일시했으며 직결시켰다. '크고 하나인 한', '하늘, 한님, 한울님'에 대한 정서와 의식은 한민족의 정신적 원형질이 되었다. 한울님과 자신을 동일시하고 결합시키는 한민족의 이러한 근원적 자의식과 정신적 체험 속에 '한울님을 모심'侍天主, '사람을 한울님처럼 섬김'事人如天, '사람이 한울님'人乃天이라는 동학의 기본 교리가 함축되어 있다. 한울님을 모신 사람은 모두 평등하고 주체적으로 사람답게 사는 새로운 세상을 이룰 수 있다.

1894년에 전봉준을 중심으로 일어난 동학혁명군은 반봉건, 반부패, 반외세를 구호로 내세워 농민혁명을 일으켜서 정부군을 밀어내고 크게 세력을 떨쳤으나 새로운 무기를 가진 일본군과 정부군에게 진압되어 실패하고 말았다. 그들은 민중해방의 기치를 내걸었으나 왕조체제에 대한 분명한 대안을 제시하지는 못했다. 일제 때는 신도 수가 수백만 명에 이르렀고 기독교 인사들과 함께 3·1독립운동을 주도함으로써 민족 민주운동의 중심에 섰다. 그러나 천도교는 종교와 정신의 운동을 심화·발전시키지 못하고 정치현실에 힘과 관심을 집중함으로써 오늘날 교세가 크게 위축되었다.

동학은 굶주림과 질병에 신음하는 민중을 일으켜 세우는 민중종교사회운동이라는 점에서 실학이나 개화파와는 다르다. 실학이나 개화파가 위로부터 일어난 개혁운동이라면 동학은 아래로부터 일어난 혁신운동이다. 동학은 민중 속에서 민중을 일깨워 민중과 함께 자유롭고 평등한 세상을 실현하려고 하였다. 종교적이고 도덕적인 깊이를 가지고 있었으나 미신적인 요소도 지니고 있었다. 맑은 지성과 냉철한 과학적 사고가 부족하고 인간 내면의 깊은 죄와 사회의 악에 대한 진지한 성찰이 아쉽다. 과학적 사고와 민주주의를 충분히 받아들이지 못했다는 점에서 동학은 동서 정신문화의 창조적 융합에 이르지는 못했다.

독립협회와 만민공동회

갑신정변에 가담했다가 일본으로 망명한 서재필은 미국으

로 건너가서 의학을 공부하여 의사가 되었고 미국 여성과 결혼하고 미국 시민권을 얻었다. 미국의 시민사회를 경험한 서재필은 조선에 개화정부가 들어서자 귀국하여 정부의 재정지원을 받아 순 한글신문인 독립신문을 창간하고(1896년 4월 7일), 독립협회를 창립했다(1896년 7월 2일).

1896년 7월부터 1898년 12월까지 활동한 독립협회의 강령은 '충군애국'과 '자주독립'이었다. 독립협회는 조선왕조 및 정부와 협력하여 개혁된 자주독립국가를 세우려 했고 주권독립운동, 자유민권운동, 개화자강운동을 펼쳤다. 청나라의 속국 상태에서 벗어나고 자본주의 열강의 주권 침탈에 맞서 국가의 독립주권을 확립하기 위해 힘썼다. 독립문을 세우고 독립회관을 건립하고 독립공원을 만들어 독립 의식을 고취시켰다. 왕을 황제로 칭하게 하고 나라 이름을 대한제국으로 고치게 하였다.

초기에는 일반 시민계층보다는 고급관료들이 독립협회를 주도하였다. 독립협회가 제안한 의회 설립안은 민주국보다 군주국을 선호하고, 민중을 직접 대변하는 하원 설치는 반대하며, 상원에 해당하는 중추원을 강화하여 의회의 구실을 하는 안이었다. '무식한' 민중이 정치의 주체로 참여하는 것에 반대한 것이다. 또한 중추원 의원을 50명으로 하고, 절반은 관에서 뽑고 절반은 민선으로 뽑되 독립협회 회원으로 하자고 제안했다.

그러나 서재필과 윤치호가 토론회와 강연회를 주도하며 민중을 계몽하고 정부의 시책들을 비판하자 집권 관료층은 이탈하고 새로운 지식계층이 떠오르기 시작했다. 이들은 신분 차별과 불의한 사회질서를 타파하고 민중의 재산과 권익을 보호하려고 하였다. 농업 중심의 경제를 상공업 주도의 산업경제로 발전시키려 했다. 자유로운 무역과 국내 상업, 광산 등 각종 산업 개발, 기술교육, 은행 설립 등을 장려하였다.

후기에는 만민공동회가 독립협회 운동을 주도하였다. 지식인·시민들의 조직이 지역으로 확대되고 각계각층의 사람들이 참여하여 개혁과 독립을 위해 발언하였다. 백정 출신인 박성춘도 만민공동회에서 연설하였고, 아래로부터의 변혁의지가 분출되었다. 지식인·시민 세력이 결집되고 정부의 개혁과 쇄신에 대한 이들의 요구가 분출하자 정부는 서재필을 추방하고 1898년 12월에 독립협회와 만민공동회를 강제로 해산시켰다. 이로써 독립협회와 만민공동회의 활동도 끝나고 말았다.

민중 계몽운동에 앞장서고 만민공동회를 통해 지식인·시민 계층의 참여를 이끌어 냈다는 점에서 독립협회의 개혁운동은 실학파와 개화파의 개혁 시도보다 크게 진보한 것이다. 그러나 조선왕조 및 집권세력과의 관계가 모호했고, 개혁운동의 주체와 목적에 대한 명확한 입장이 없었다는 한계가 있다. 독립과 개혁을 위한 깊은 철학과 신념이 없었고 개혁운동의 주체와 목적에 대한 원칙이 없었기 때문에 정부의 탄압에 쉽게 무너지고 말았다. 독립협회를 이끌었던 인물로 서재필, 윤치호, 이완용, 이상재, 남궁억 등이 있는데 미국 시민이었던 서재필은 미국으로 망명했고, 윤치호와 이완용은 독립정신을 지키지 못했다.

　독립협회를 주도한 인물들은 당시 동서 정신문화의 깊은 만남에 이르지 못했고, 민중의 주체적 자각에 대한 깊은 성찰에 이르지 못했다. 민중은 계몽의 대상이었으며, 민중을 역사와 정치의 주체로 파악하지 못했고, 민중과 하나 되는 체험에 이르지 못했다.

2장

씨울사상의 형성

오산학교는 안창호가 조직한 신민회新民會의 정신에 따라 민중을 나라의 토대와 주체로서 깨우고 세우기 위해 이승훈이 세운 학교였다. 오산학교에서 씨올사상의 싹이 텄다. 안창호는 씨올사상의 씨앗을 심고 이승훈은 씨올사상의 싹을 틔웠다.

이들은 민중과 하나 되어 민중을 일깨워 주체로 세우고 민중을 앞세워 역사와 사회를 바로 세우게 하였다. 민중이 새 세상의 주인이고 새 세상을 실현할 주체임을 알아서 민의 이성과 영성을 일깨워 주체로 세우는 일, 교육에 헌신하였다.

씨올정신을 심은 안창호

안창호는 1895년(고종 32년) 17세 되던 해 서울로 와 언더우

드가 세운 구세학당_{救世學堂}에 입학하여 그리스도교 교육을 받
으면서 서구문물을 접하게 되었다. 1897년 서울로 다시 올라온
그는 독립협회에 가입했다. 1898년 독립협회 관서지부 주최로
열린 평양 쾌재정 연설회와 그해 11월 서울 종로에서 열린 만민
공동회 연설을 통해 깊은 공감과 큰 감동을 일으키고 큰 명성
을 얻었다. 20세 젊은 나이의 안창호가 수천 청중의 공감과 감
동을 일으켰다. 이는 민족을 대표해서 나온 청중들을 하나로
만들고 하나로 일으켜 세운 것이다. 민중과 하나 되는 체험은
안창호의 정신과 실천의 성격과 방향을 결정하는 큰 사건이었
다. 당시에 민중과 민족은 거의 동일한 개념이었다. 민중과 하나
되는 체험은 안창호로 하여금 개인의 이해관계와 생사를 넘어
서 민족 전체의 자리에서 생각하고 느끼고 결단하고 행동하게
했다.

일제 식민통치 시기에 많은 사람들이 도산 안창호와 함께
독립운동에 앞장섰다가 말년에는 변절하고 친일로 돌아섰다.
민족을 위해 큰일을 했던 이광수와 최남선이 그랬다. 이들과 안
창호의 차이가 무엇일까? 인간과 역사에 대한 깊은 신념과 철
학이 있고 없음이다. 안창호에게는 인간과 삶에 대한 깊은 종교
적·도덕적 신념이 있었고 역사에 대한 철학이 있었다. 그는 민
중과 민족에 대한 깊은 신념을 바탕으로 민중 각성과 민족정신
의 개조를 주장했다. 이는 민중과 하나 되는 체험에서 나온 것
이다.

을사늑약이 체결되고 일제의 억압이 거세질 무렵인 1907
년에 안창호는 "독립협회의 전통을 이은 기독교 인사들을 중심
으로" 신민회를 조직했다. 그는 "교육의 진흥과 산업의 부흥을
통하여 국민의 지적·도덕적 수준을 향상시키고 경제적 부강을
이룩함으로써 독립을 쟁취할 수 있다"고 하였다.[1] 만민공동회의
경험과 분위기가 안창호의 신민회 활동에 반영되었으리라 생각
된다. 안창호는 백성 한 사람 한 사람이 "덕스럽고 지혜롭고 힘
있게" 되어야 힘 있는 나라가 되어 나라가 독립할 수 있다고 하
였다.[2] 신민회는 말 그대로 나라의 토대와 주체인 민을 새롭게
하자는 운동 단체였고 한국에서 민주 공화정의 이념을 제시한
최초의 단체였다.

신민회의 강령에 따라 안창호와 이승훈은 민중과 밀착하고
민중을 중심에 세우고 앞장세우는 운동과 교육의 원칙을 세우
고 실천하였다. 안창호는 나라를 살릴 길은 민을 일깨워 일으켜
세우는 길밖에 없다고 보고 교육운동을 일으켰다. 안창호가 평
생 지켜 간 민중운동과 사업의 원리는 "첫째, 점진적으로 민중
의 자각을 기다려서 하는 것과, 둘째, 민중 자신 중에서 지도자
를 발견하여 그로 하여금 민심을 결합케 하고 도산 자신이 지
도자의 자리에 서지 아니한다는 것이었다".[3]

백성 한 사람, 한 사람을 새롭게 하여 나라를 바로 세운다
는 안창호의 생각은 씨올사상의 기본이 되었다. 백성 한 사람
한 사람을 일깨우려 했던 안창호는 씨올정신의 씨앗을 심었다.

그러나 1910년에 해외로 망명함으로써 그 씨앗을 가꾸고 자라
게 하지는 못했다.

씨울정신을 싹트게 한 이승훈

이승훈은 어려서 고아가 되어 남의 집 심부름꾼으로 자랐
고 남을 위해 헌신하고 봉사하는 일을 몸에 익혔다. 큰 기업가
가 된 후, 3·1독립운동 등 민족운동을 할 때, 오산학교 학생들
을 교육할 때 늘 낮고 겸허한 자세로 남을 섬기고 앞세우는 일
에 힘썼다. 3·1운동을 주도하고 감옥에 들어간 그는 출소할 때
까지 3년 반 동안 변기통 청소를 맡아서 하였다. 오산학교에서
는 마당 쓸고 변소 청소 하는 일에 앞장섰다. 한겨울에 변소의
똥 무더기가 얼어서 올라올 때는, 설립자이며 이사장이었던 그
가 도끼로 얼음 똥 무더기를 깨트렸다.[4]

남을 섬기는 정신은 불굴의 자립정신과 결합되어 있었다.
일본 공산당의 협력을 받아 민족독립운동을 하라는 권고를 거
절하면서 이승훈은 다음과 같이 말하였다. "우리의 할 일은 민
족의 역량을 기르는 일이요 남과 연결하여 남의 힘을 불러들
이는 일이 아니다. 나는 종자가 땅 속에 들어가 무거운 흙을 들
치고 올라올 때 자기 힘으로 들치는 것이고 남에게 캐물어 올
라오는 것을 본 일이 없다."[5] 남강은 무슨 일이나 자기가 만드는

것이고 남이 가져다 주는 것이 아니라고 생각했다. 씨앗이 땅에
서 올라오는 것을 보아도 비나 이슬이나 태양광선이 이것을 도
와는 줄지언정 대지를 들치고 올라오는 것은 결국 제가 올라오
는 것이다. 올라와서 번성하려면 고난을 뚫고 나갈 튼실한 씨알
맹이가 있어야 한다. 이것이 없으면 비와 이슬과 태양광선이 쓸
모가 없다.[6]

남에게 심부름을 시키며 사는 양반의 행태와 스스로 남의
심부름꾼이 되자는 이승훈의 행태는 대조가 된다. 이승훈은
강인한 자립정신을 가진 자유인이면서 남을 섬기는 심부름꾼
으로 살았다. 이승훈의 삶과 정신은 섬김의 정신과 자립의 정신
으로 일관되어 있다.[7]

이승훈은 안창호보다 열네 살 많은 기업가였다. 그는 1907
년 평양에서 안창호의 강연을 듣고 크게 감동하여 일생을 나
라를 위해 바치기로 결심하였다. 머리를 깎고 양복을 입고 술·
담배를 끊고 새 삶을 시작하였다. 바로 그해 이승훈은 평안북
도 정주 오산에 오산중학교를 세웠다. 또한 나라를 구하기 위해
서는 국민이 깨어나서 새롭게 되는 길밖에 없다고 보고 학교 교
육을 통해서 백성을 일깨우고 한 사람 한 사람을 덕스럽고 지
혜롭고 힘 있게 하려고 하였다. 오산학교는 학생들을 민족독립
운동의 일꾼과 국민의 사부師傅가 되도록 교육시켰다. 오산학교
출신 가운데 많은 사람들이 전국에 흩어져서 학교를 세우기도
하고 교사가 되기도 하여 국민들을 일깨우는 일에 헌신하였다.

　　이승훈은 학생들과 함께 마당을 쓸고 변소 청소를 하고, 집을 지을 때는 돌과 나무를 나르면서 몸으로 모범을 보이며 학생들과 함께 생활하고 학생들을 이끌었다. 오산학교가 어려울 때 이승훈은 가진 재산을 다 팔아 바쳤다. 학교 건물의 기와가 깨져 비가 샐 때는 자기 집의 기와를 벗겨다 덮었고, 교사들의 양식이 떨어지면 집의 양식을 가져갔다.[8] 그의 아내가 "우리는 무엇을 먹고 살아요?" 하고 물으면 이승훈은 "우리는 학생들과 선생들 밥해 주고 함께 먹고 살면 되지" 했다.

　　이승훈은 청년 교사 함석헌의 성경공부모임에 참석하여 그의 말에 귀를 기울여 들음으로써 함석헌의 정신과 혼을 굳게 붙잡고 든든히 세웠다. 함석헌으로 하여금 이승훈과 오산학교의 정신과 사명을 이어받아 역사와 사회의 중심과 선봉에 서게 하였다. 말을 함으로써 가르치는 것보다 말없이 들어줌으로써 큰 가르침을 베풀었던 이승훈은 참 스승의 모습을 보여 주었다. 섬기는 교육, 섬기는 지도력의 모범이었다.[9]

　　이승훈, 조만식, 유영모, 함석헌이 이끌었던 오산학교는 민족정신사의 높고 아름다운 봉우리를 이루었다. 민족에 대한 헌신과 사랑, 정의에 대한 불타는 열정, 하나님에 대한 깊은 신앙, 진리에 대한 열린 자세로 이들은 오산학교를 이끌었다. 함석헌은 오산학교가 신앙정신, 민족정신, 진리정신(과학정신)의 산 불도가니였다고 하였다[10]. 이 학교에서 함석헌과 김소월, 이중섭과 백석이 나왔다. 도산 안창호, 남강 이승훈, 고당 조만식, 다석 유영모, 씨알 함석헌에서 기독교신앙과 민족의 얼이 굳게 결합되었다.

이승훈은 기독교 대표로서 삼일독립운동을 주도했고 오산학교는 삼일독립정신의 산실이었다. 삼일독립운동은 씨올사상을 형성하는 우리 현대사의 높은 봉우리다. 민을 주체로 일으켜 세우는 신민회의 정신과 오산학교의 높은 이념이 삼일독립운동에 반영되어 있다. 삼일독립운동은 민이 스스로 일어나 한마음으로 독립만세를 외쳤던 평화운동이었다. 평양고보 학생으로서 삼일운동에 참여했던 함석헌은 삼일독립운동의 정신을 이어서 살았다. 이승훈은 스스로 하나의 씨올이 되어 씨올의 삶과 정신의 귀감이 됨으로써 씨올사상의 역사적 실천적 토대를 마련하였다. 그의 삶과 정신은 유영모와 함석헌에게 큰 영향을 미쳤으며, 그의 삶과 실천은 씨올철학을 형성하는 밑자리가 되었다.

씨올정신의 뿌리를 깊이 판 유영모

유영모는 자신이 함석헌과 이승훈 사이에서 살고 있다고 말했다. "서西에 함옹이 있으면 동東에 남강 선생이 있어 커다란 벽 둘레 안에 내가 있다고 믿었다오."[11] 이승훈과 함석헌이 유영모의 두 벽이라고 한 것은 이들이 다석의 정신세계를 지켜 주고 다석이 의지하는 존재였음을 밝힌 것이다.

유영모는 씨올사상과 정신의 뿌리를 깊이 파고들었던 심오한 철학자요 사상가이며 영성가였다. 씨올사상은 다석 유영모의 경전 풀이에서 비롯되었다. 유영모는 1956년 12월 유교 경전《대학》을 강의하면서 '친민親民'을 '씨알 어뵘'이라 풀이했다.[12] 백성 '민'을 씨알이라 하고 씨알을 어버이처럼 받들라고 한 것이다. 이 풀이에서 주목할 것은 친민親民을 "씨알 어뵘"(씨알民을 어버이처럼 받듦)으로 풀이한 것이다. 여기서 친민親民은 신민新民과 통하고 섞어 쓰는 말인데 유영모가 친민을 '씨올 어뵘' 다시 말해 '씨올을 어버이 뵙듯' 하라고 옮긴 것이다. 유영모가 씨올民을 어버이로 본 것은 씨알을 섬겨야 할 어른으로 본 것이며 민주적이고 민중적인 원칙을 밝힌 것이다. 유교에서는 왕과 관리는 부모와 같고 백성은 자녀와 같다고 했고, 백성을 소인小人이라 하여 어리고 어리석은 존재로 여겼다. 백성은 충동에 휘둘려 본성을 훼손하는 어린이, 소인으로 보고 임금과 대인을 나타내는 군자君子는 본성을 실현하고 완성하는 어른으로 보았다. 그런데 유영모는 백성을 씨올로 그리고 어버이로 풀이함으로써 유교의 기본 생각을 뒤집었다. 씨올을 어른과 주체로 세운 것이다. 지식인이나 지도자가 이제 백성을 어버이처럼 높이고 섬겨야 함을 밝힌 것이다.

민民을 어버이처럼 받들어 섬기라고 함으로써 다석은 정치와 경제, 사회와 문화, 종교와 교육의 새 원리를 제시했다. 백성을 본능의 충동에 휘둘려서 본성을 그르치는 어리석은 어린이로 여겼던 임금이나 관리는 백성을 어린아이 달래듯 달래고 몸과 마음을 어루만져 주어야 한다고 보았다. 다석은 민에 대한 전통 유교의 이런 관점을 뒤집었다. 백성을 어른, 어버이로 보고 정치인과 교사와 종교인이 받들어 섬겨야 한다는 것이다.

유영모는 민을 씨울이라 함으로써 민에게 높은 품격과 사명을 부여했다. 백 가지 성을 가진 사람들을 뜻하는 '백성'은 양반 지배층에 대립된 존재로서 왕조국가에 예속된 신분을 나타낸다. 민民은 왕과 지배층의 지배를 받는 피지배층의 의미를 지닌다. 국민이라는 말은 국가의 구성원이라는 국가주의적 규정이 들어 있고 민중은 지배층과 대립된 피지배층으로서 규정된 것이다. 이에 반해 씨울은 이러한 사회적·정치적·역사적 규정들에서 벗어나 생명의 알짬과 무궁한 신적 생명을 나타내는 새로운 이름이다. 씨울은 민중에게 생명적 주체성과 깊이, 영적이고 신적인 품위와 높이를 준다.

씨알은 자연생명을 나타내고 신적 생명의 속알맹이, 불씨를 뜻한다. 다석이 보통 사람 민중을 씨알이라고 함으로써 사람은 자연생명과 통합되고 신적·영적 차원과 결합되었다. 사람은 역사와 사회의 씨알이고, 자연생명의 속알맹이이며, 신적 생명의 불씨다. 자연과 역사와 신령神靈의 세 차원이 씨알인 사람 안에 통합된 것이다. 사람 속에 생명과 정신의 씨알맹이가 있고 이 씨알맹이는 자연 생명, 역사, 신적 생명의 속알맹이를 품고 있다는 것이다.

씨올 정신을 꽃피운 함석헌

함석헌은 평양고보 3학년 때 삼일운동에 참여한 후 평양고
보를 떠나 오산학교에서 공부하였다. 삼일정신과 오산정신을
이어받은 함석헌은 민족과 역사에 헌신하였다. 함석헌은 이승
훈의 민족적 열정과 역사적 실천을 이어받아 진리와 정의를 위
해 싸웠고 유영모의 깊고 높은 철학과 정신을 받아서 개방적이
고 실천적인 씨올철학을 형성하였다. 이승훈의 열정과 실천력,
유영모의 깊이와 철저함을 결합한 함석헌은 바다와 같이 깊고
넓은 사상과 정신의 세계를 열었다.

함석헌은 1957년 3월에 천안에서 씨알농장을 시작하면서
씨알이란 말을 쓰기 시작했다. 1970년 4월에 《씨올의 소리》를
창간하고, 씨알을 '씨올'로 표기하면서 씨올사상과 정신을 탐구
하고 펼쳤다. '알'을 '올'로 쓴 것은 큰 의미가 있다. 다석은 훈민
정음(訓民正音, 민을 일깨우는 바른 소리)에 깊은 철학이 담겨 있다
고 보았고 그 가운데 하늘을 나타내는 가장 근원적인 모음 'ㆍ'
을 가장 중요하게 여겼다. 아래아 'ㆍ'는 하늘이 시작되는 처음을
나타낸다. 함석헌은 '올'에서 'ㅇ'은 '초월적 하늘', 'ㆍ'는 '내재적
하늘', 'ㄹ'은 '활동하는 생명'을 표시한다고 했다. "씨올은 민民,

people의 뜻인데 우리 자신을 모든 역사적 죄악에서 해방시키고 새로운 창조를 위한 자격을 스스로 닦아내기 위해 일부러 만든 말"이다. '씨' 발음은 입 안에서 가장 높고 큰 소리를 내고 '올'에서 아래아 '·'는 가장 낮고 깊은 소리를 낸다. 씨올은 지극히 작은 것이지만 그 울리는 소리는 크고 높으며, 낮고 깊다.

씨올사상은 씨올 하나 속에서 전체 생명을 보고 신적 불씨와 영원한 생명을 본다. 씨올은 주체 안에 전체가 있음을 나타내고, 씨올 생명의 원리는 스스로 함과 전체성이다.[13] '스스로 함'은 강력한 주체성과 저항성의 근거이며 '전체성'은 전체를 하나로 품는 사랑과 평화의 근거이다. 씨올은 사랑 안에서 스스로 싹트고 자라며, 사랑 안에서 씨올의 생명은 전체 하나로 이어진다. 스스로 함과 사랑의 전체성을 강조한 함석헌의 씨올사상은 약함과 부드러움이 강함과 억셈을 이긴다고 보고 사랑의 전체주의와 비폭력 평화주의를 내세운다. 약함과 못남, 상처와 시련에서 생명은 진화하고 발전한다.[14] 약함과 못남에 대한 강조는 주체와 저항에 대한 강조와 맞물려 있다.[15]

함석헌은 〈사상계〉와 〈씨올의 소리〉를 통해서 씨올사상과 정신을 밝히고 민주화운동과 생명평화운동을 펼쳤다. 그는 역사와 사회 속에서 옹근 씨올로 살았고 씨올의 정신과 사상을 역사와 사회의 지평에서 그리고 세계통일과 평화의 관점에서 크고 넓게 펼쳤다. 그는 씨올을 역사와 민족사회의 주체로서 그리고 세계평화 실현의 주체로서 굳게 세웠고, 동서정신과 문화를 융합하고 민주와 상생평화를 실현하는 생활철학으로서 씨올사상을 형성했다.

안창호가 신민회를 시작하고, 이승훈이 오산학교를 세우고 3·1독립운동을 주도했으며, 유영모와 함석헌이 깊은 영성과 민주정신과 평화사상이 담긴 씨올사상을 형성하였다. 씨올사상의 씨를 뿌린 것은 안창호이고 하나의 옹근 씨올이 되어 싹을 튼 것은 이승훈이다. 씨올의 뿌리를 깊이 내려 그 뿌리가 하늘에 닿게 한 것은 유영모이고 씨올의 줄기와 가지, 잎과 꽃과 열매를 맺은 것은 함석헌이다.

3장

씨올과 씨올사상

씨알은 식물의 씨와 동물의 알, 수컷의 씨와 암컷의 알을 나타낸다. 함석헌은 알과 얼을 함께 나타내기 위해서 '올'로 썼다. '알'을 '올'로 쓴 것은 생물학적 차원과 함께 정신과 영성과 신성의 깊은 차원을 나타내려는 것이다. 앞에서 썼듯 '올'에서 'ㅇ'은 만물을 품은 두루 원만한 하나, 전체 하나, 절대초월의 하나를 나타낸다. 아래아 'ㆍ'은 모든 생명과 존재의 처음과 비롯됨을 나타낸다. 그것은 모든 존재와 생명의 근원인 하늘이 비롯되는 한 점을 나타낸다. 'ㄹ'은 '~할', '~쓸', '~필'처럼 생명의 활동을 나타낸다. '씨올'은 하늘의 영원한 신적 생명을 품고 사는 사람을 나타낸다. 사람 속에 영원한 신적 생명이 있다. 사람을 씨올이라고 함으로써 씨올사상은 사람이 자연과 역사와 신의 세 차원을 아우르는 존재임을 드러낸다.

씨올 은 죽음으로써 사는 존재다. 죽음으로써 사는 것이 생명의 근본 원리다. 죽어야 살고 죽음으로써 산다. 죽어도 산다. 죽어도 사는 씨올은 어떤 조건과 환경에서도 산다. 풀은 자살하는 법이 없다. 나무는 절망하지 않는다. 삶을 체념하거나 포기하는 꽃은 없다. 오직 살 뿐이다. 생명은 살라는 명령生-命을 받았기 때문이다. 사는 것이 천명이고 사명이다. 그런데 죽음으로써 산다. 껍데기인 물질, 몸으로는 죽고 알맹이인 얼과 정신으로는 산다. 개체의 몸으로는 죽고, 영원한 전체 생명의 얼로는 산다. 얼과 정신을 살리기 위해서는 껍데기인 육체와 물질은 사정없이 버리고 비우고 죽음에 던져 넣어야 한다. 육체와 물질을 불태움으로써 정신과 얼 생명이 산다.

20억 년 동안 자연 생명 세계는 개체 생명의 죽음을 통해서 놀랍고 눈부신 생명진화의 길을 걸어왔다. 무핵세포 시대에는 세균들이 세포분열만으로 번식했고 수억 년 이상 거의 진화하지 못했다. 세포분열은 제 몸을 나누고 쪼개는 것이므로 제 몸을 연장하고 확장할 뿐 개체의 죽음을 경험하는 것은 아니다. 그러다가 진핵세포가 나와서 개체 생명체의 죽음을 통해서 또는 개체 생명체의 밖에서 종족번식과 생존이 이루어지면서 식물과 동물의 생명진화가 급속도로 눈부시게 이루어졌다. 죽음은 삶에 새로움과 변화를 가져왔다.

개체의 죽음을 통해서 보다 높고 풍성한 생명의 진화가 이루어진 것은 무엇을 의미하는가? 생명진화의 목적이 개체 생명체의 육체적 생존에 있지 않다는 것을 말해 준다. 개체의 생명

보다 높고 풍성한 생명, 물질과 육체보다 높고 크고 깊은 생명
인 정신과 얼을 키우고 자라게 하는 것이 생명진화의 목적이다.
생명의 존재 이유는 보다 높은 정신과 영을 훈련시키고 고양시
켜서 크고 높고 아름답고 풍성한 영과 얼의 생명을 낳자는 것
이다.

서로 살림과 평화의 씨알

스스로 죽어서 사는 씨알은 자기희생을 통한 상생과 평화
의 길을 보여 준다. 자기가 죽음으로써 서로 살리고 평화에 이
르는 길을 가는 것이 씨알이 보여 주는 생명의 길이다. 거대한
파충류인 공룡은 자연 생명 세계의 파괴자였다. 몸길이 50센티
미터에 지나지 않던 작은 공룡이 침엽수로 덮인 숲을 먹어 치
워서 숲은 파괴되고 자신은 몸길이 50~60미터의 몸집으로 커
졌다. 숲도 파괴되고 공룡도 죽게 되었다.

이렇게 생명 동산이 파괴되었을 때 씨알은 상생과 평화의
길을 보여 주었다. 침엽수는 겉씨식물인데 꽃과 열매를 맺지 않
는다. 이때 속씨식물이 확산되어서 아름다운 꽃과 향기롭고 맛
있는 열매를 맺었다. 속씨식물은 맛난 열매를 포유류에게 주고
포유류는 그 열매를 먹고 열매 속의 씨앗을 온 세상에 널리 퍼
트렸다. 그래서 포유류도 크게 번성하고 속씨식물도 온 세상에

널리 퍼지게 되었다. 속씨식물과 포유류는 상생과 평화의 관계 속에 있다. 아름다운 꽃과 맛있는 열매는 상생과 평화로의 부름이다. 씨알은 자기를 내어 주고 더불어 사는 길을 열어 준다. 이런 상생과 평화의 삶 속에서 포유류는 새끼에게 살과 피와 뼈를 나누어 주고 자기 생명의 진액을 먹여 기르며, 사랑과 정성으로 새끼를 기른다. 포유류의 모성애에서 인간의 감성과 지성이 싹텄다.

씨알과 한 사람

물질에서 시작된 생명은 속으로 깊어 가는 생명진화와 발전의 길을 걷게 되었다. 육체는 마음의 껍질이고 마음은 이성의 껍질이고 이성은 영의 껍질이고 영은 신의 껍질이다. 껍질 속의 속으로 들어갈수록 참 생명의 알맹이가 나온다. 30억 년 생명진화의 역사 끝에 사람이 나왔다. 생명진화는 겉 생명에서 속 생명으로 진화했다. 수많은 생명의 껍질 속에 얼과 신이 있다. 사람은 몸과 마음속에 이성과 얼과 신을 품은 존재다.

자연 생명의 진화는 결국 얼과 신에 이르자는 것이다. 얼과 신이 생명의 씨알이다. 영원한 생명의 씨알이 사람 속에 있다. 사람이 자연 생명 세계의 씨알맹이다. 사람의 몸과 마음속에 우주 만물의 모든 물질적 요소와 차원이 들어 있다. 광물질, 생명, 심리, 지성, 영성, 신성이 사람 속에 알뜰히 들어 있다. 우주 존재의 알짬과 핵심이 사람의 몸과 마음속에 들어 있다. 사람이 우주의 씨알이다. 우주는 사람을 낳기 위해 생긴 것이고 자연 생명 세계는 사람을 낳기 위해 오랜 세월 꿈틀거린 것이다.

사람은 무엇 하자는 것인가? 사람은 자신 속에 하늘을 품은 존재요, 우주 전체와 생명 전체를 품은 존재다. 사람은 개체로서의 '나'이면서 전체를 품고 전체가 되자는 존재다. 물질과 육체를 넘어선 얼과 신이 전체요, 소유와 상대를 초월한 공空과 무無가 전체다. 개체인 사람은 공과 무 속에서 얼과 신이 되자는 존재다. 얼과 신, 공과 무는 나눌 수 없는 전체이고 하나이다. 전체와 하나는 같은 것이다. 전체 하나, 온 하나이다. 우주 만물 가운데 수많은 사람들이 나고 죽고, 죽고 또 나면서 전체 하나의 생명에 이르려고 한다. 개체로서의 작은 '나'이면서 전체로서의 '큰 나', '전체 하나의 나'가 되려고 한다.

씨알의 역사를 보면 사람의 사명을 알 수 있다. 씨알의 역사는 하나를 낳는 방향으로 나아갔다. 물고기들은 한 번에 많은 씨알을 낳아서 번식한다. 닭은 거의 매일 알을 낳음으로써 번식한다. 동물들은 한 번에 여러 마리를 낳아 기른다. 그런데 사람은 예외가 없지는 않지만 하나를 낳는다. 정자 3~4억 마리가 투입되지만 다 죽고 한 마리만이 난자와 결합해서 한 사람을 낳는다. 정자와 난자는 모두 사람의 씨알을 품고 있다. 한 사람을 낳기 위해서 수억 마리의 씨알이 희생을 한다. 오직 하나를 낳기 위해서 수억 마리의 씨알이 죽어야 한다. 또 난자 하나를 만들기 위해서 많은 피를 흘려야 한다. 생명의 알짬인 피를 흘림으로써 준비한 난자와 그 난자와 결합하기 위해 수억 마리의 정자들 가운데 뽑힌 하나의 정자가 만나서 사람의 씨알이 된다. 한 사람을 낳기 위해 알뜰한 정성과 큰 희생이 바쳐진다. 사람이 그만큼 고귀한 것이다.

오늘 수십억의 인류도 한 사람, 참 사람을 낳기 위해 살고 죽는 것 아닐까? 참 나이면서 전체인 사람, 개체이면서 전체로 사는 사람을 낳기 위해 인류의 고된 역사가 있는 것이다. 예수가 보여 준 삶의 길이 그렇다. 개체로서는 죽어서 전체의 사람이 되었다. 자신을 희생함으로써 전체 인류의 참 씨알이 되었다. 영원한 참 생명, 신적 생명, 얼 생명이 됨으로써 모든 사람의 영혼 속에서 참된 씨알로 살게 되었다. 예수는 참 생명의 씨알이 되었다. 세리와 창녀의 심정과 처지에서 살았던 예수는 참된 나, 나의 나, 너의 나, 그의 나, 모든 사람의 나로 살았다.

사람 씨알 : 자연과 역사와 신의 통합

우주에는 땅과 사람과 하늘이 있고, 사람에게는 본능과 지성과 영성이 있다. 본능은 땅의 물질과 관련된 것이고 생각하는 지성은 사람에게 속하고 영성은 하늘에 속한 것이다. 생각하는 지성이 본능에 매여 있으면 본능과 지성과 영성이 갈등과 혼란에 빠진다. 영성이 지성을 본능에서 해방할 때 지성이 본능을 이끌 수 있다. 영성이 지성을 이끌고 지성이 본능을 이끌 때 본능과 지성과 영성이 각자 제구실을 하며 통합될 수 있다. 함석헌은 본능과 이성과 영성의 세 차원을 아우르는 공부가 큰 공부라고 했다. 씨올사상은 이러한 생명의 세 차원을 아우르고 통합하는 사상이다.

사람을 씨올이라고 한 것은 사람의 사명을 나타낸다. 사람을 역사와 사회의 존재로만 보지 않고 자연생명의 존재로 확장하고 신적 생명의 존재로 높인 것이다. 사람은 본능과 이성과 영성, 자연과 역사와 신, 하늘과 땅과 사람을 하나로 통합하는 사명을 가진 존재다. 사람의 몸은 땅의 흙으로 된 것이고 자연생명세계와 이어져 있다. 생각하는 이성을 지닌 마음은 역사와 사회를 움직이고 이끌어 가는 존재이다. 물질과 몸의 상대세계를 뛰어넘는 영은 전체 하나인 하나님을 상대하고 관계하며 사귀는 하늘의 존재다.

사람 속에 무궁한 생명의 보물이 있다. 태초의 무궁한 신적 생명이 사람 속에 있다. 밭에 숨겨진 보물처럼 사람의 몸과 마음에는 신적 생명의 씨알맹이가 숨겨 있다. 사람은 신적 생명의 씨알, 신의 딸/아들, 천자天子다. 이것을 깨달은 사람은 자신에 대한 깊은 자부심과 사명을 갖게 된다. 자신이 씨올임을 아는 사람은 자기 속에서 무궁한 생명의 보물을 캐낸다. 다른 사

람 속에도 무궁한 신적 생명의 씨알이 있음을 알고 다른 사람
과 함께 만물과 생명세계를 돌보고 섬기고 이끌어 간다.

보물 캐기: 몸성함, 맘놓음, 얼태움

사람이 어떻게 자기 속의 보물을 캐내는가? 사람은 자연적
본능, 인간적 이성, 신비한 영성, 다시 말해 몸, 맘, 얼의 세 차원
을 지닌 존재다. 다석은 생명의 보물을 캐내기 위해서 몸성함,
맘놓음, 바탈(얼, 뜻) 태움을 말했다. 몸이 성하면 맘이 놓이고
맘이 놓이면 얼이 불타오르고 얼이 불타오르면 얼을 타고 하늘
로 솟아올라 앞으로 나갈 수 있다. 얼이 불타오를 때 감성과 지
성이 발달한다.

생각이 몸을 깨우고 이끈다. 생각은 몸과 무관한 관념이나
사변이 아니다. 생각은 생명의 자각生覺이고 생명의 행위다. 다
석은 몸에서 생각을 캐낸다고 했다. 생각은 몸에서 캐내는 것이
면서 하늘의 신과 소통하고 연락하는 것이다.

다석은 생각을 궁신지화窮神知化로 설명했다. 생각은 신을 탐
구하는 것窮神이다. 우주와 생명의 꼭대기(마루)인 신을 탐구하
면 신통神通하여 우주만물의 변화를 알 수 있다知化. 거꾸로 우
주만물의 변화를 탐구하고 알면 신통하여 신과 소통하고 연락
하게 된다. 얼은 신을 찾고 그리워하는 본성을 지니고 있다. 숨

은 신적 생명에 대한 그리움을 담은 것이고 생각은 이 그리움으로 불타는 것이다.

생각은 가온찍기와 줄곧뚫림으로 이루어진다. 가온찍기는 삶과 맘의 가운데를 한 점으로 찍는 것이다. 온갖 잡념과 망상, 욕심과 허영을 한 점으로 찍어 없애는 것이 가온찍기다. 가온찍기를 통해서 세상의 물질적 욕망과 집착, 편견과 독단을 깨트리고 하늘의 없음과 빔에로 들어간다. 없음과 빔에로 들어가면, 몸, 맘, 얼이 하나로 되고, 위로 하늘과 통하고 옆으로 이웃 만물과 통한다. 위로, 옆으로 줄곧 통하게 하는 것이 줄곧뚫림이다.

몸, 맘, 얼을 하나로 통하게 하는 가온찍기와 줄곧뚫림은 하늘과 땅과 사람을 하나로 통하게 하는 것이다. 가온찍기와 줄곧뚫림이 이루어지면 숨이 코에서 발뒤꿈치까지 잘 통하고, 밥이 입에서 항문까지 잘 통하고, 피가 머리끝에서 발끝까지 잘 통한다. 생각과 말이 끝까지 뚫리고 얼과 신이 몸과 하나로 되고 나와 우주만물이 하나로 통한다. 그러면 감성과 지성과 영성에서 무궁한 생명의 보물이 쏟아져 나온다.

만물이 씨올을 품고 있다

씨올은 생명의 무궁한 잠재력과 가능성, 영원한 미래를 품고 있다. 만물이 씨올을 품고 있다. 만물 속에 무한한 잠재력과 가능성이 깃들어 있다. 사람만이 아니라 존재와 생명의 꽃을 피우고 열매를 맺는 계기, 동인이 되는 것이라면 모두 씨올이다. 시간 속에도 생명과 존재의 씨알맹이가 있다. 어떤 때, 어떤 순간에도 위대한 일이 일어날 수 있다. 공간과 자리, 모임과 만남에도 씨알맹이가 있다. 어느 공간, 어느 자리에서 어떤 모임, 어떤 만남에서 놀라운 사건이 일어날 수 있다. 물질, 기계, 조직, 지식, 제도도 씨올을 품고 있다. 돈도 권력도, 사람이 지닌 어떤 가능성과 자리도 씨올이다.

모든 물질, 일과 사건, 시간과 공간, 만남과 기회, 일터와 제도, 돈과 기계 이 모든 것은 무한한 잠재력과 가능성을 품고 있다. 하나님과 사람이 관계하기 때문이다. 사람과 하나님이 관계하는 모든 물건과 일, 시간과 공간, 만남과 사건에서 위대하고 거룩한 일이 일어날 수 있다. 모든 일과 물건과 사건, 만남과 제도와 장소가 크고 거룩한 생명의 씨올을 품고 있다.

그러므로 모든 물건과 일과 사건, 만남과 제도, 때와 장소가 존귀하고 신령한 것이다. 씨올인 사람은 그 모든 일과 물건, 때와 장소에서 씨알맹이, 씨눈을 찾아 크고 새로운 일이 일어나게 해야 한다. 자연 생명과 우주와 신적 생명의 씨알인 사람은 어느 때 어디서나 씨알맹이 씨눈을 찾아낼 수 있다. 일과 물건, 때와 장소, 만남과 관계에서 씨눈을 찾으면 아름답고 풍성한, 보람차고 뜻있는 삶을 살 수 있다.

복숭아 비유, 쓰고 딱딱한 씨앗

함석헌은 씨올사상을 복숭아씨에 비유했다.[1] 복숭아는 껍질과 속살과 씨로 되어 있다. 아름답고 고운 껍질의 붉은 빛깔은 눈길을 끌고 마음을 끌어당긴다. 그러나 껍질은 그 자체가 목적이 아니다. 껍질은 아무리 고와도 벗겨 버리는 것이다. 껍질에 머물러 있거나 거기 집착하면 복숭아의 가치를 모른다. 껍질을 벗기면 속살이 나오는데 속살은 달고 맛있고 영양분이 풍부하다. 복숭아는 속살을 아낌없이 내어 준다. 사람이나 동물은 복숭아의 맛난 속살을 먹자고 복숭아에게 다가오는 것이다. 속살이 있어서 사람도 동물도 복숭아를 찾는다. 그러나 복숭아는 속살이 목적이 아니다. 복숭아의 목적은 씨를 남기고 전하는 데 있다. 씨를 통해서 복숭아의 생명이 무궁하게 전해지고 널리 퍼지는 것이다. 복숭아의 씨는 곱지도 않고 맛도 없다. 쓰고 딱딱하다. 그러나 씨 속에 복숭아의 영원무궁한 생명이 담겨 있다.

사람의 경우 돈, 외모, 지위, 명성, 재주, 솜씨는 모두 껍질에 해당한다. 이런 것들이 사람의 눈에 띄고 사람을 끌어당기지만 지속적인 관계를 맺게 하지는 못한다. 서로 사랑하는 공동체적 관계는 돈과 권력, 재주와 명성으로는 이룰 수 없다. 우정과 사랑은 따뜻한 정과 마음으로 만들어지고 지탱될 수 있다. 따뜻한 정과 마음이 복숭아의 속살에 해당한다. 복숭아가 속살을 아낌없이 내어주는 것처럼 사람의 정과 마음도 아낌없이 주는 것이다. 마음을 열고 정을 아낌없이 줄 때 친구가 되고 사귐이 이어질 수 있다.

그러나 인정과 마음이 인간의 목적은 아니다. 정과 마음은 변할 수 있고 끝이 있는 것이다. 인간의 목적은 따뜻한 인정 속에 싸여 있는 참된 사랑에 있다. 조건 없는 사랑, 정의로운 사랑은 변함없이 영원한 것이다. 이것이 생명의 씨올이다. 이것만 있으면 생명은 결코 죽지 않고 영원히 살 수 있다. 이것은 기독교에서는 아가페, 불교에서는 자비, 유교에서는 인仁이라고 한다. 복숭아의 씨앗이 쓰고 딱딱하듯이 사람의 씨알맹이인 사랑, 인仁은 달콤하고 향기로운 것이 아니라 쓰고 딱딱한 것이다. 봉숭아 씨를 도인桃仁이라고 한다. 사람의 씨도 조건 없는 사랑, 인, 자비이다.

얼이 살아 있는 사람만이 사람의 씨인 사랑을 지닐 수 있다. 빔空과 없음無의 경지에서만 생명의 씨알인 사랑을 가질 수 있다. 이 사랑이 사람과 생명의 참된 본성이다. 이 사랑이 영원한 생명의 씨알맹이다. 이것을 지키고 살리면 인류와 자연 생명 세계는 영원히 살 수 있다.

4장

씨울사상의 핵심: 생명진화와 천지인 합일

생명진화는 자신을 내맡기는 모험을 통해 이루어졌다. 생명의 역사 처음에 바다에서 수많은 생명체들이 살았다. 그러다가 사나운 생명체들이 나와서 다른 생명체들을 공격하고 잡아먹기 시작하자, 일부는 위험을 피해서 딱딱한 껍질을 뒤집어쓰게 되었다. 부드럽고 연약한 살을 딱딱하고 억센 껍질로 감쌈으로써 위험을 피할 수 있었다. 조개, 소라, 전복 같은 것들이 그런 생명체들이다. 조개와 소라는 죽을 위험에서 벗어나 안전하게 되었지만 수억 년 동안 아무런 진화와 발전을 이루지 못하고 그 모양 그 상태로 고정된 삶을 살았다. 그러나 다른 생명체들은 부드럽고 연한 살로 딱딱한 껍질을 감쌌다. 그래서 유연한 몸놀림으로 위험한 적들에게서 도망을 하고 위기에서 벗어날 수 있었다. 딱딱한 뼈를 연한 살로 감싼 생명체들은 물고기가 되었다. 물고기들은 잡아먹힐 위험이 컸지만 재빠르고 부드럽게 몸을 움직일 수 있었고 보다 자유롭고 활동적인 생명체가 되었다. 물고기에서 척추동물인 파충류, 포유류가 나오고 포유류에서 인간이 나오게 되었다.

연하고 부드러운 살을 내어놓음으로써 생명진화의 방향과 내용이 결정되었다. 서로 부드럽게 사랑하고 사귀는 길로, 상생 평화와 공존의 길로, 소통과 연대의 길로 나아가게 된 것이다. 포유류는 부드러운 살을 가졌고 모성적 사랑과 감정을 가졌지만 사나운 발톱과 날카로운 이빨을 지녔다. 사나운 발톱과 날카로운 이빨을 부드럽고 원만하게 하여 사랑과 섬김의 길로 가기 위해 인류가 나온 것이다.

부드럽고 연한 살에서 포유류의 모성적 사랑과 감정이 생겼고 포유류의 모성적 감정에서 사람의 감성과 이성과 영성이 나왔다. 사람에게도 아직 사나운 욕심과 못된 생각이 남아 있다. 사람답게 된다는 것은 잔인한 심정과 사나운 욕심을 버리고 사랑과 섬김으로 나가는 것이다.

씨올과 생명진화의 길

씨와 알은 생명진화와 발전의 방법과 방향과 목적을 함께 나타낸다. 왜 씨와 알이 생겼을까? 생명의 역사 초기에는 수억 년 이상 세균(박테리아)이 제 몸을 연장하거나 쪼갬으로써 번식

할 뿐 생명의 진화는 거의 없었다. 생명체가 제 몸을 쪼개면 똑같은 생명체가 생길 뿐 질적인 변화나 새로움은 없다. 되풀이가 있을 뿐이고 개체 수가 늘어날 뿐이다. 생명의 번식이나 증식 과정에 죽음은 없다. 세균은 환경이 바뀌면 죽을 수 있지만 환경이 허락하면 죽지 않을 수 있다.

생명의 진화는 개체의 생존을 넘어섬으로써, 개체 생명체의 죽음을 전제로 시작되었다. 진화의 길로 들어선 생명체들은 번식과 진화를 위해서 개체 생명의 희생과 죽음을 감수한다. 곤충들 가운데는 자기 몸을 자식들의 먹이로 내주는 경우가 많고, 포유류는 자신의 살과 피와 뼈를 새 생명체에게 나누어 주고 몸의 진액인 젖을 먹여 기르며 새 생명체를 위해 희생하고 헌신한다.

생명진화의 길에 들어선 생명체는 자기 생명체의 단순한 연장이나 쪼갬이 아니라 자기 생명체 가운데 알짬, 씨알맹이를 씨와 알 속에 담아서 내어 줌으로써 생명을 증식시키고 발전시킨다. 세균이 자기 몸을 연장하고 쪼개는 것은 자기 분열이고 자기 연장일 뿐 자기를 내어 주는 것은 아니다. 진화하는 생명체들은 자기 밖에, 자기를 넘어서 아주 작은 씨알 속에 전체 생명의 핵심 알짬을 담아서 다음 세대에게 내어 줌으로써 생명을 전달하고 이어간다.

새로운 진화의 길로 들어선 생명체의 수명은 한정되었다. 나고 자라고 늙고 죽는 존재가 된 것이다. 진화한 생명체는 생명의 알짬을 다른 생명체에게 전하는 사명을 다하고 죽는다. 개체는 죽어도 씨알만 있으면 생명은 이어가며 살 수 있다. 개체 생명의 목적은 개체의 존속에 있지 않다. 개체 생명의 목적은 한 생명체에서 다른 생명체로 개체를 넘어서 생명을 이어감으로써 전체 생명이 깊어지고 크게 되는 데 있다. 개체를 넘어서 생명을 이어가는 생명체들은 생명의 번식과 진화를 위해서 개체의 희생과 죽음을 감수하게 되었다. 개체의 죽음을 통해서 전체 생명이 깊어지고 커지고 높아지는 길로 생명의 진화가 이루어졌다.

개체의 죽음을 통한 생명진화의 길은 씨알의 생명활동에서 드러난다. 작은 씨알 속에 크고 무궁한 생명이 들어 있다. 씨알은 겉보기에 작고 초라하지만 아름답고 존귀한 생명을 품고 있다. 아름답고 풍성한 생명을 꽃피우기 위해서 씨알은 아낌없이 깨지고 죽어야 한다. 씨알의 몸 생명이 깨지고 죽음으로써 더욱 크고 아름다운 생명 창조활동이 펼쳐진다. 죽음을 통해서 생명은 더욱 깊고 높은, 더욱 아름답고 큰 생명으로 진화 발전해왔다. 생명은 한없이 깊은 것이고 신비하고 신령한 차원과 닿아 있다. 생명이 깊어지면 정신과 영과 신이 된다. 생명이 깊고 높아져서 정신과 신령의 생명이 되기 위해서 개체의 생명은 죽고 씨와 알은 깨지고 죽어야 한다.

이것은 죽음으로써 사는 진리를 나타낸다. 씨와 알은 자신의 존재 자체가 목적이 아니다. 자기를 깨트리고 스스로 죽음으로써 속의 생명이 무궁하고 풍성하게 피어난다. 씨알은 깨지고 죽음으로써 보다 크고 풍성한 생명활동을 펼친다. 죽음을 통해서 사는 길이 열린 것이다. 씨알은 죽어서 사는 생명진화의 길을 나타낸다.

왜 생명은 죽음으로써 사는 진화의 길을 택했을까? 생명의 껍데기보다 속알맹이, 씨알맹이를 살리고 키우기 위해서다. 개체의 생명은 몸, 육체에 매여 있다. 물질적·육체적 생명은 썩고 죽어도 속 생명, 알 생명은 영원무궁하게 살아야 한다. 생명은 자라는 것이고 새로워지는 것이다. 따라서 생명은 보다 크고 깊고 높은 생명으로 진화 발전해 간다. 자유롭고 깊은 생명이 된다는 것은 정신과 영의 생명으로 된다는 것을 뜻한다. 생명은 물질적 생명에서 심적 생명, 지성적 생명, 정신과 얼의 생명으로 진화해 왔다. 물질과 육체의 생명은 낮은 생명이고 껍데기 생명이다. 정신과 얼의 생명은 속 생명이고 높은 생명이다. 껍질을 벗기고 버리고 깨트려서라도 속 생명을 살려야 한다. 육체의 생명, 본능과 감정의 생명은 껍데기 생명이다. 맑은 이성과 얼의 생명은 속 생명이고 높은 생명이다. 육체의 생명, 본능과 감정의 생명을 불태워서 이성과 영과 신의 생명을 크고 높게 살려내고 키워내야 한다. 로켓의 1단계 추진체가 자기를 폭발시켜 힘을 냄으로써, 2단계, 3단계 로켓을 하늘 높이 우주 속으로 쏘아 올리듯이, 목숨과 감정의 생명을 불태워 내는 힘으로 이성과 얼 생명을 하늘 높이 쏘아 올려야 한다.

씨올의 껍질이 깨지고 죽어서 속 생명이 풍성하게 살아나지만 씨올의 껍질과 속 생명이 기계의 부속품처럼 분리될 수 있는 것은 아니다. 생명은 오랜 진화과정에서 생성되고 빚어진 것이기 때문이다. 얼은 씨알맹이이고 육은 껍질이다. 속 생명 얼은 몸 생명과 뗄 수 없이 긴밀히 결합되어 있다. 씨알의 속알맹이가 씨알의 껍질에 싸여 있는 것과 마찬가지다. 씨올의 껍질은 알맹이를 위해 있는 것이지만, 껍질이 상처를 입으면 속알맹이도 썩게 된다. 마찬가지로 얼 생명도 육체의 생명이 손상을 입고 더러워지면 상처를 입을 수 있다. 껍질이 손상된 씨알은 생명활동을 할 수 없다. 그러나 껍질이 온전한 씨알은 수천 년이 지난 다음에도 흙 속에 들어가면 생명활동을 할 수 있다.

오래 진화과정을 통해서 생명은 물질적 생명에서 얼 생명으로 끊임없이 자기를 극복하고 초월하면서 진화 발전해 왔다. 속 생명 얼은 몸 생명을 넘어서 살 수 있다. 씨알의 껍질이 깨지고 죽어야 속 생명이 살아서 활동하듯이, 육체의 생명을 이기고 넘어서야 얼 생명이 살 수 있다. 얼 생명은 육체의 생명을 이기고 초월해야 살 수 있다. 씨알이 깨져야 살 수 있듯이, 육체로는 죽어야 얼이 살 수 있다.

그러나 껍질 없는 알 생명은 없다. 몸 없는 얼은 허깨비다. 얼은 몸으로 표현되고 드러나고 나타난다. 얼이 정말 살아 있다면 몸이 신령해진다. 얼은 몸이 되고 몸은 얼이 되는 경지까지 가자는 것이 인생의 목적이고 사명이다. 육은 영화靈化하고 영은 육화肉化하는 것이 생명진화의 목적이다. 육이 영화하고 영이 육화하려면 영이 육의 매임에서 자유로워지고 육은 자기를 극복하고 넘어서서 영에 순복해야 한다.

씨울은 생명의 주체와 매체이자 실체이다. 씨울은 스스로 싹트고 자라고 꽃피고 열매 맺는다. 씨울은 스스로 하는 생명의 주체를 나타낸다. 씨울은 생명을 담아 실어 나른다. 씨울은 공간적으로 이곳저곳으로 생명을 실어 나른다. 씨울은 시간적으로 과거에서 현재로 현재에서 미래로 생명을 실어 나른다. 씨울은 생명의 매체媒體, 수레다. 씨울은 작지만 속에 생명의 알짬을 지니고 있다. 작은 씨울 속에 전체 생명이 압축되어 있다. 따라서 씨울은 생명의 실체, 알짬이다.

생명의 진화와 평화

사람은 생명진화의 씨울이다. 사람 속에 생명진화의 역사가 압축되어 있고 생명진화의 목적이 드러나 있다. 생명진화의 과정은 평화를 찾아 더듬어 온 역사다. 캄캄한 폭력의 어둠 속에서 헤매며, 사랑과 평화의 길을 더듬어 포유류와 인류에 이르렀다. 파충류에 비하면 포유류는 사랑과 평화의 생명체다. 파충류는 어미와 새끼의 관계가 지속되지 않지만 포유류는 임신과 출산과 양육을 통해서 어미와 새끼의 긴밀한 관계를 상당한 기간 유지한다. 새끼에 대한 어미의 모성애는 평화로운 삶을 위한 토대이다.

포유류의 모성애에서 인간의 감정과 이성이 발달했다. 서로 소통하고 교감할 수 있는 인간의 감정과 이성은 평화로운 삶을 위한 토대이다. 이성과 감정이 발달한 인간의 몸은 이성과 감정에 걸맞은 형태로 바뀌어 갔다. 털이 빠지고 손톱과 발톱이 부드러워지고 이가 작고 둥글게 되었다. 사람의 손톱과 발톱으로 싸울 수 없고 이빨로 먹이를 사냥할 수 없다. 몸 자체가 평화로운 형태로 진화한 것이다. 사람의 변화된 손톱과 발톱, 이빨은 아직 완전하지는 않지만 사람의 본성과 사명이 평화에 있음을 나타낸다.

사람의 눈은 다른 동물들의 눈과는 달리 투명하다. 다른 동물들의 눈에 색깔이 있는 것은 공격하거나 도망하려는 의도를 상대에게 감추기 위해서라고 한다. 사람의 투명한 눈은 속마음을 드러낸다. 속마음을 상대에게 드러내는 것은 위험할 수 있는 모험이지만 속마음의 생각과 감정을 함께 나눔으로써 깊은 신뢰와 평화의 관계를 가질 수 있다.

속 깊은 생각과 감정을 서로 나누고 소통하기 위해서 생각하는 이성과 말이 발달했다. 말과 이성은 속의 감정과 생각을 나타내고 소통하는 수단이며 능력이다. 이렇게 소통하고 교감하는 능력이 발달함으로써 사람은 연대와 협력의 평화로운 방식으로 자연환경의 도전을 극복하고 다른 동물과의 생존경쟁에서 이길 수 있었다. 사람은 서로 소통하고 협력하는 평화로운 존재가 됨으로써 다른 동물들 위에 우뚝 서는 존재가 되었다.

자연 생명 세계는 사람의 얼을 향해 진화했다. 얼은 자연생명세계와 신적 생명의 씨올이다. 얼이 깨어나 활동하면 자연생명세계가 완성되고 신적 생명이 꽃피고 실현된다. 얼은 물질적 욕망과 집착에서 자유로운 것이고 물질적 이해관계와 권익투쟁의 갈등과 모순을 넘어 상생과 공존의 평화세계를 여는 힘과 지혜이다. 얼은 나와 너의 대립과 경계를 넘어서 하나 됨의 자리에 이름이다. 너를 나 안에 받아들일 수 있음이고 너 안에 내가 머물 수 있음이다. 얼은 나와 너와 그가 전체 안에서 더불어 있을 수 있는 힘과 지혜다. 얼은 그 자체가 평화다.

사람은 수십억 년 생명진화 과정을 통해 다듬고 발전시킨 몸을 가진 존재다. 몸 안에는 수십억 년 생명의 역사를 통해 진화된 유전자와 신경세포와 신체 기관들이 있다. 사람마다 몸 안에 귀한 생명의 힘과 지혜를 지니고 있다. 마음속에는 이성과 영성이 있다. 이성과 영성은 한없이 깊고 높은 생명과 정신의 씨알맹이를 품고 있다. 우주의 신비와 하늘의 진리를 탐구할 수 있는 힘과 지혜를 사람은 누구나 지니고 있다. 이성과 영성을 지닌 사람은 우주 만물 위에 우뚝 선 존재요, 하늘과 사귀고 하늘에 오를 존재다. 사람은 이성과 영성에 따라 살 때 비로소 사람다운 사람이 된다. 사람은 사람다운 사람이 됨으로써, 우주 생명진화의 과정을 완성하고 그 목적을 실현한다.

씨울사상의 핵심과 뿌리: 천지인 합일

씨울은 하늘의 바람과 햇빛 그리고 땅의 흙과 물을 아울러서 신비하고 오묘한 생명창조활동을 펼친다. 씨울의 생명운동은 하늘과 땅을 종합하는 생명창조활동이다. 하늘과 땅과 씨울생명이 하나로 되는 운동이다. 씨울의 생명활동은 천지인 합일을 보여준다. 사람도 하늘의 영과 땅의 물질을 아울러서 역사와 사회, 문명과 종교의 생명활동을 펼쳐간다.

다석은 1943년 2월 5일(음력 설날) 이른 아침에 북악北岳 마루에서 천지인 합일 체험을 하였다. 하늘과 땅이 자신의 몸과 마음에서 하나로 뚫림을 체험했다. 이때 지은 시구는 다음과 같다.

瞻徹天 潛透地(첨철천 잠투지)

申身瞻徹極乾元氣 · (신신첨철극건원기 ·)

沈心潛透止坤軸力 · (침심잠투지곤축력 ·)[1]

우러러 하늘 트고 잠겨서 땅 뚫었네

몸 펴고 우러러 끝까지 트니 하늘 으뜸 김 가운데

맘 가라앉혀 잠기고 뚫어서 땅 굴대 힘 가운데 디뎠네(박재순 새김)

이 글에서 다석은 하늘과 땅과 하나로 된 자신의 체험을 표현하였다. 이 글을 다시 풀이하면 이렇다. "내 마음과 몸속에서 위로 하늘과 통하고 아래로 땅을 뚫었네. 몸 펴고 하늘 우러러 끝까지 펴니 하늘 원기 가득하고, 맘 가라 앉혀 잠기고 뚫어서 지구를 돌리는 힘 가운데 디뎠네." 몸을 펴서 하늘 원기와 통하고 마음을 뚫어서 땅 중심에 이른다고 하였다. 몸으로 하늘 숨을 쉬고 마음으로 땅의 힘 가운데를 밟는다. 몸으로 하늘과 하나로 되고 마음으로 세상의 중심과 주인, 주체가 된다. 하늘과 땅과 내가 하나로 되는 것은 물질과 정신, 몸과 영이 하나로 되는 것이다.

몸이 하늘과 통하고 맘이 땅의 중심과 통함으로써 참된 천지인 합일이 이루어진다. 만일 몸이 땅과 통하고 맘이 하늘과 통한다면 몸과 맘, 하늘과 땅이 분리되어 하나로 만나지 못할 것이다.

그에게 천지인 삼재의 합일은 이론이나 철학 이전에 몸과 마음으로 체험되는 사건이고 실재였다. 천지인 합일의 철학과 논리는 우주와 인간의 존재와 삶을 설명하는 것이기 이전에 삶의 실재이고 실천의 논리였다. 따라서 그는 '하늘과 땅과 자신'이 하나임을 체험하고 '하나'를 붙잡고 '하나'를 지향하였다.

이것은 갑작스러운 신비체험이 아니었다. 다석은 이미 20대 초반에 과학교사로서 기독교 신앙을 확립하고 그 후 동양경전을 깊이 연구하면서 '오늘살이'의 주체적 생명철학에 들어가고, 동양종교사상에 근거하여 보편적인 생명철학을 세우고, 다시

기독교 신앙에 깊이 들어가서 체험적인 생명철학을 확립하였
다. 믿음과 철학의 깊고 원숙한 경지에 들어간 다음에 하늘과
땅이 하나로 되는 체험을 한 것이다.

　다석의 천지인 합일 사상은 다석 사상의 종합이면서 씨올
사상의 뿌리이다. 다석의 천지인 합일 사상은 여러 가지 요소
와 내용을 아우른다. 다석의 천지인 합일 사상은 하늘과 땅 사
이에 곧게 선 인간의 모습과 직결된다. 오랜 생명진화과정의 결
과 사람은 하늘과 땅 사이에 곧게 선 존재가 되었다. 인간이 발
을 땅에 딛고 머리를 하늘로 향하여 곧게 선 것은 생명진화과
정의 귀결일 뿐 아니라 하늘을 그리워하고 하늘과 하나로 되려
는 인간의 형이상학적이고 종교철학적인 인간 본성의 나타남
이다. 생물학적 진화과정의 결과는 천지인 합일의 철학적·영성
적 현실로 이어졌다. 인간이 하늘을 지향하여 천지인 합일을 이
루는 것이 생명진화과정을 완성하고 그 목적을 이루는 것이며,
사람이 사람으로 되는 것이며, 하늘의 뜻과 사명을 이루는 것
이다.

　생명진화의 결과 인간이 하늘과 땅 사이에 곧게 서서 이성
을 가지고 생각하게 됨으로써 천지인 합일에 들어가게 되었고
천지인 합일을 완성할 수 있는 준비가 되었다. 인간에게서 생물
학적 진화는 완성되고 천지인 합일의 영적 진화로 나아가게 되
었다. 이미 우주는 자연의 천지인 합일을 이루고 있으며, 우주
생명과 인류 역사는 자연의 천지인 합일에서 영의 천지인 합일

로 나아간다. 우주생명과 인간 세계는 서로 다름과 갈라짐, 다
양성과 복잡성으로 가득 차 있다. 탐욕과 경쟁, 갈등과 대립, 모
순과 역설, 고난과 죽음, 절망과 비명으로 가득 차 있다. 이러한
생명과 인간의 세계가 시작된 것은 물리적·물질적 자연의 천지
인 합일에서 정신과 영의 신령한 천지인 합일로, 물질의 성장
에서 영의 성장에로 나아가는 역사가 시작된 것이다.

머리를 하늘에 둔 사람: 생각하는 직립인간

수십억 년 생명진화 끝에 사람은 머리를 하늘에 두고 직립
하게 되었다. 사람은 땅에서 하늘로 솟아오르는 존재다. 따라서
눕기보다는 앉고, 앉기보다는 서야 한다. 사람의 생명과 정신은
땅을 딛고 하늘을 향해 일어서자는 것이고 솟아올라 나아가자
는 것이다. 솟아올라 나아감으로써 사람이 사람 되고, 생명진
화와 역사의 목적이 실현되고 완성된다.

머리를 하늘에 둔 사람은 하늘을 그리워하고 하늘과 소통
하며 사귀는 존재다. 하늘에 머리를 둔 사람은 생각하는 존재
다. 생각은 하늘에 대한 그리움과 사랑으로 불타오르는 것이다.
논리적인 이성의 생각은 하늘의 무한한 평면을 내달리는 것이
고 영감으로 가득 찬 영성의 생각은 하늘의 한없는 깊이와 높
이를 드러내는 것이다. 생각은 땅과 하늘의 대화이고 몸과 얼의

소통이고 사람과 하늘(하나님)의 사귐이다. 하늘은 얼, 정신을 나타내고 땅은 물질, 몸을 나타낸다. 사람 안에서 하늘, 땅, 사람이 하나로 만난다. 몸으로 하늘 숨을 쉬고 하늘 생각을 하는 것이 하늘(하나님)과 사귀는 것이다.

사람은 자연생명진화의 나무에서 핀 씨알이다. 사람이라는 씨알 속에 생명진화의 역사가 압축되어 있다. 사람 속에서 생명진화의 역사가 완성되고 목적에 이른다. 사람은 신적 생명의 씨알, 얼 생명을 품고 있다. 사람 속에 신적 생명의 씨앗, 얼이 들어 있다. 따라서 사람은 신의 씨이며 아들/딸이다. 사람은 자연생명의 씨알이고 역사와 사회의 씨알이고 신적 생명(하나님)의 씨알이다. 자연과 역사와 신의 차원이 사람 안에서 하나로 통합된다.

천지인 합일의 방향과 내용: 지천태(地天泰)의 평화

씨앗은 하늘의 무궁한 생명을 품고 있으면서 땅속에 들어가서 깨지고 죽음으로써 하늘의 생명활동을 시작한다. 씨앗은 하늘의 햇빛과 바람, 땅의 흙과 물이 함께 어우러져 빚어진 생명이다. 하늘의 빛과 기운으로 영근 씨앗이 땅 속에 들어가 깨지고 죽음으로써 생명활동을 펼치는 것은 씨앗의 겸허와 비움, 자기 부정과 희생을 나타낸다.

씨앗이 흙 속으로 들어오는 것은 하늘이 땅 속으로 들어오는 것이다. 하늘 생명을 속에 품은 씨앗이 흙 속에 묻히는 것은 주역周易에서 말하는 지천태地天泰와 같다. 주역에서 하늘이 땅 위에 높이 있는 천지비天地否는 흉하고 위태로운데 하늘이 땅 아래로 오는 지천태는 길하고 평화롭다. 하늘은 왕이나 지도자를 나타내고 땅은 땅을 파먹고 사는 백성 민중을 나타낸다. 지도자가 겸허히 민중 아래로 내려오면 길하고 평화롭다. 씨알은 하늘의 생명을 품고 땅 속으로 들어가는 것이니 길하고 평화로운 것이다.

다석은 "코로 숨 쉬고 흙으로 흙을 빚는 것"이 도道라고 했다. 코로 숨 쉬는 것은 몸으로 하늘 기운을 숨 쉬는 것이다. 흙으로 흙을 빚는다는 것은 밥으로 몸을 만들어 가는 것을 뜻한다. 사람이 먹는 모든 음식, 곡식이나 푸성귀뿐 아니라 고기도 결국 흙에서 나온 것이다. 사람의 몸은 흙에서 나온 밥을 먹고 만들어진 것이다. 그러므로 사람이 밥을 먹고 소화·흡수·배설하는 것은 흙으로 흙을 빚는 것이다. 숨 쉬는 것은 흙으로 빚어진 몸속에 하늘의 원기를 받아들이는 것이니 이것이 바로 지천태이다. 흙으로 신령한 몸을 빚고 몸속에 하늘의 영, 바람, 얼이 깃드는 것은 말씀이 육신이 되는 것成肉身이다.

목숨, 말 숨, 우 숨: 천지인 합일의 실현

흙으로 빚은 몸이 하늘의 원기를 숨 쉬는 것 자체가 천지
인 합일을 이루는 것이다. 유영모는 세 가지 숨이 있다고 하였
다. 목으로 쉬는 목숨, 말과 생각으로 쉬는 말 숨, 위 하늘의 얼
을 숨 쉬는 우 숨. 목숨은 몸의 본능으로 쉬는 숨이고, 말 숨은
맘의 이성으로 쉬는 숨이고, 우 숨은 얼로 쉬는 숨이다. 목숨은
몸으로 쉬는 땅의 숨이요, 말 숨은 생각으로 쉬는 사람의 숨이
요, 우 숨은 얼로 쉬는 하늘의 숨이다. 숨 속에서 하늘과 땅과
사람이 하나로 된다.

목으로 쉬는 목숨에는 영원한 생명에 대한 그리움과 열망
이 담겨 있다. 목숨을 깊고 편히 쉬면 말과 생각의 숨이 잘 쉬
어진다. 말과 생각의 숨이 잘 쉬어지면 뜻이 불타오르고 얼이
솟아오른다. 목숨을 우 숨과 잘 통하게 하는 것은 생각이다. 목
숨 속에 생각과 말씀의 숨이 들어 있고 생각의 숨 속에 얼의
우 숨이 들어 있다. 하늘의 생명기운을 숨 쉬면 기가 뿜어져 나
온다. 그러면 기쁘고 웃음이 절로 나온다. 하늘의 생명기운 속
에는 사랑과 정의의 씨알맹이인 얼이 들어 있기 때문이다. 얼이
살아 있는 사람의 삶은 사랑과 정의의 꽃과 열매를 맺는다.

씨올사상은 목숨 속에서 생각의 숨을 피워 내고 생각의 숨
에서 얼의 숨에 이르자는 사상이다. 참 씨올인 얼은 너와 나와
그를 함께 참 생명, 영원한 생명으로 이끄는 생명의 줄이다.

5장

씨올: 주체와 전체의 일치

씨울사상은 나를 찾는 철학이다. 나를 찾고 내 속을 깊이 파서 '큰 나'에 이르러 나와 너와 그의 전체가 하나 되는 길과 진리와 삶을 추구한다. 씨울은 나를 먼저 문제 삼고 나에게서 시작한다.

씨울은 스스로 싹트고 스스로 자라고 스스로 꽃피고 스스로 열매 맺는다. 폭력으로 씨울의 생명활동을 강제할 수 없다. 씨울은 스스로 하는 주체성의 진리를 드러낸다. 씨울은 지극히 작지만 속에 무궁한 생명을 품고 있다. 작은 씨울 하나 속에 전체 생명이 들어 있다. 씨울의 생명활동은 생명의 주체와 전체를 함께 드러낸다. 씨울은 하늘의 햇빛과 바람, 땅의 흙과 물이 한데 어우러져 생명창조 활동을 펼친다. 우주 전체의 공덕과 협력으로 씨울 하나가 싹이 튼다. 자연 생명 전체, 우주 전체와의 교감과 사귐 속에서 작은 씨울 하나가 싹이 트고 꽃이 핀다. 하늘의 은혜와 역사의 공덕이 있고 자연 생명과의 교감과 사귐, 사회의 협력과 도움이 있어서 사람은 사람이 된다.

진리란 무엇인가? 모든 진리는 존재의 깊이, 주체의 깊이를 드러내는 것이다. 물질이나 일, 생명이나 정신, 사람이나 사건을 그 깊이에서 이해하는 것이다. 물건이나 사람의 깊이, 주체의 깊이를 드러내지 못하고 피상적으로 현상적으로만 이해하는 것은 진리가 아니다. 또 진리는 전체성을 드러내는 것이다. 모든 물건이나 사람, 사건이나 일은 전체와 연관되어 있다. 전체 맥락을 드러내지 못한 것은 진리가 아니다. 사물과 존재의 전체성을 훼손하고 부분만을 말하는 것은 진리가 아니다.

이성(로고스) 중심의 서양철학에서는 인식 주체인 이성이 타자를 인식(이해와 분석)의 대상으로 볼 뿐 주체로 보기 어렵다. 따라서 주체와 타자의 참된 만남과 사귐에 이르기 어렵다. 자연 생명이 스스로 자기를 실현해 가는 길道을 추구한 동양의 생명철학과 고통받는 인간의 영혼(얼) 구원을 추구한 히브리 종교에서는 타자를 교감하고 사귀는 주체로 볼 수 있다. 씨ᄋᆞᆯ사상은 타자를 주체로 보고 서로 주체로서 타자와 사귀고 서로 하나가 되는 길을 찾는다.

생명의 본성과 사명

생명은 스스로 하는 주체의 깊이와 전체(하나)의 관련성을 드러내고 실현하고 완성하자는 것이다. 주체의 자유와 전체의 하나 됨을 이루는 것이 생명의 사명이고 보람이다. 주체의 깊이를 추구하고 전체의 하나 됨을 이루는 것이 생명의 씨올인 인간의 본성과 사명이다. 씨올은 스스로 하는 주체일 때 전체 하나 됨에 이를 수 있고, 전체 하나 됨의 자리에 이를 때 비로소 스스로 하는 주체가 될 수 있다. 씨앗이 언 땅을 뚫고 비바람을 이겨 내면서 싹트고 자라고 꽃피고 열매 맺는 것은 주체이면서 전체인 생명의 본성과 사명을 이루는 것이다. 스스로 하면서 하나로 되려는 생명의 본성과 사명을 이룰 때 한없는 기쁨과 보람이 있다.

오랜 생명진화의 끝에 나온 사람은 하늘을 향해 곧게 섰다. 사람이 하늘과 땅 사이에 곧게 서는 것은 땅의 물질적 속박에서 벗어나 스스로 하는 자유로운 주체가 되는 것을 뜻한다. 사람의 정신은 하늘에 머리를 두고 하늘을 그리워하고 하늘로 솟아오르려 한다. 하늘은 무한한 깊이를 드러내면서 나뉠 수 없는 '전체 하나'를 나타낸다.

무한한 깊이와 나뉠 수 없는 전체 하나인 하늘은 생명의 무한한 깊이와 전체성을 나타낸다. 사람은 속에 하늘 생명의 씨알을 품은 존재다. 하늘의 무한한 깊이는 인간 주체인 영혼의 깊이와 자유를 나타내며, 하늘의 나뉠 수 없는 '전체 하나'는 인간 삶의 공동체적 전체성을 드러낸다. 하늘, 땅 사이에 곧게 선 사람은 곧은 주체로서 전체 하나를 추구하고 실현하는 존재다.

모든 생명은 스스로 하는 주체를 가지고 있다. 생명은 내면으로 깊이 들어갈수록 자유롭고 개성적인 주체가 된다. 또 생명은 전체가 서로 울리고 서로 느낀다. 생명은 전체와 이어져 있고 전체를 나타낸다. 사람은 내면으로 깊이 파고들수록 깊고 자유로운 주체가 된다. 깊고 자유로운 주체는 전체와 일치하고 전체를 드러낸다. 씨올은 인간 생명의 주체와 전체를 함께 나타내는 상징이다. 생명의 씨올인 사람은 스스로 하는 주체이면서 전체 생명을 품고 있다. 씨올로서 사람은 스스로 활동함으로써 전체 생명을 실현하고 완성한다. 우주 생명의 작은 씨알맹이인 사람 속에 생명의 한없는 깊이와 무한한 전체가 깃들어 있다.

생명은 주체와 전체의 일치다. 생명은 주체와 전체의 일치를 지향하고 추구한다. 생명은 스스로 하는 것이며 전체의 사랑으로 자라고 커지는 것이다. 생명철학으로서 씨올사상은 스스로 하는 주체의 철학이고 전체 사랑의 철학이다. 씨올사상은 주체적 개성의 깊이와 전체적 생명 사랑의 통합을 추구한다. 인간생명의 씨알맹이인 얼은 사랑과 정의를 실현하는 힘과 자유를 가진다. 얼은 생명의 참된 주체이며 전체이다. 참된 주체인 얼은 생명의 깊이와 높이를 드러내며 생명의 전체성을 나타낸다. 얼은 전체를 품고 전체에 산다. 얼이 살아 있는 사람은 주체를 가

진 자유인이며 전체를 품고 전체에 사는 공인公人이다. 씨올사상
은 내적 깊이와 자유를 추구하는 주체철학이고 전체를 추구하
는 공공公共철학이다.

'서로 주체'의 철학

　씨올사상의 주체는 생명적 자발성과 공동성을 지닌 주체다.
이 주체는 타자를 주체로 인정하고 세우며 타자와 소통하고 교
감하며, 상생하고 공존한다. 서구의 이성철학에서는 인식주체인
이성적 자아가 모든 타자에게서 주체를 박탈하고 타자를 대상
화하고 사물화한다. 논리와 개념이 지배하는 이성의 사유세계
안에서는 이성적 자아만이 주체일 뿐 다른 모든 것은 주체가
될 수 없고 타자화하고 대상화한다. 이런 이성 철학에서 나의
주체는 타자의 주체를 용납할 수 없다. 이것은 타자와 대립하고
갈등하며 배척하는 주체다. 이성 철학의 주체는 자기 머릿속의
관념 세계 안에 갇힌 '홀로 주체'다. 삶의 철학인 씨올사상이 말
하는 주체는 스스로 하는 생명적 주체이면서 삶의 세계에서 더
불어 사는 주체, '서로 위하는' 주체다.
　씨올사상의 주체는 북한의 주체사상이 말하는 주체와도 다
르다. 주체사상이 말하는 주체는 당과 수령의 유일적 영도를 따
르는 인민의 집단적 주체다. 인민 한 사람 한 사람의 주체는 당

과 수령의 유일적 영도로 대체된다. 현실적으로 개인의 자발적 주체성은 박탈된다. 개인이 국가와 당을 위해 헌신하면 개인은 죽어도 불멸하는 집단적인 국가조직 속에서 영생한다고 말한다. 개인 스스로 하는 주체는 국가조직 속에 해소된다. 씨올사상은 한 사람 한 사람을 일깨워 나라의 주체로 세우려고 함으로써 개인의 자발적 주체성을 강조했다는 점에서 주체사상과는 구별된다.

씨올은 자신 안에 무궁한 생명과 영원한 정신의 씨알맹이를 지닌 존재다. 씨올의 사명은 생명과 정신의 씨알맹이를 싹트고 자라고 꽃피고 열매 맺게 하는 것이다. 따라서 씨올은 제 속에 있는 생명과 정신에 충실한 존재이며, 저답게 되어 저답게 살아야 할 존재다. 씨올은 자신만이 아니라 남도 무궁한 생명과 영원한 정신의 씨알맹이를 지닌 존재로 인정하고 존중한다. 씨올은 서로 씨올이 되어 씨올을 싹트고 자라고 꽃피고 열매 맺어야 한다. 씨올은 서로 저답게 되는 존재이고 참된 저 자신이 되어 자신의 씨올을 싹트고 자라고 꽃피고 열매 맺어야 한다. 나는 나답게 너는 너답게 되는 것이 씨올의 삶의 길이다. 내가 나답게 되어 생명과 정신의 씨알맹이를 싹트고 자라고 꽃피움으로써 너도 너답게 너의 씨올을 싹트고 자라고 꽃피게 도울 수 있다. 내가 나답게 되는 것이 너를 너답게 하는 길이다. 무궁한 생명과 영원한 정신의 씨알맹이를 싹트게 하고 꽃피게 하는 것은 나의 감성과 이성과 영성을 실현하고 완성하는 것이며 사랑과 정의, 평화와 통일을 삶 속에서 실현하는 것이다. 나의 본성을 실현하고 사랑과 평화를 실현하는 것은 나의 씨올을 싹 틔우고 꽃 피우는 것일 뿐 아니라 너의 씨올을 싹 틔우고 꽃피우는 것이다.

글을 읽으면 그이가 되어야 한다

나와 네가 서로 주체로 살려면 나와 네가 함께 믿고 존중할 '그이'가 있어야 하고 서로 그이가 되어야 한다. 그이는 누구나 인정하는 참사람이다. 사람이 죽은 다음에는 '그이'라고 불릴 수 있어야 한다. 내가 내게서 벗어나고 네가 네게서 벗어나서 참 나가 되어 함께 만날 수 있는 '그이'가 없으면, 서로 그이가 되지 못하면 서로 주체가 될 수 없다. 교육이란 글을 가르치고 배우는 것이다. 글과 그림은 '그리다, 긋다'에서 나온 말이다. 무엇인가를 '그린다'는 것은 그것이 사무치게 생각나고 그립기 때문일 것이다. 다석에 따르면 글文은 '글'(그를, 그이를)이고, '그릴'(그리울)이다. 글은 그이를 그리워하고 그이가 내 맘속에서 피어나게 하는 것이다.[1]

글은 그(그이)를 그리(위하)는 것이다. 글은 그이를 그리워하고 그이가 되자는 것이다. 글에서 그이를 만나야 한다. 글을 읽고 그이를 만나고 그이를 알고 그이가 되어야 한다. 글을 읽고 가르치고 배우는 것은 그이를 그리워하고 글에서 그이를 만나고 그이를 알고 그이가 되자는 것이다. 교육은 글을 가르치고 배워 그이를 만나고 그이가 되자는 것이다. 인문학人文學이란 글文을 읽고 글을 써서 사람人이 되자는 것이다. 인문학과 교육의 목적은 글을 읽고 쓰고 배워서 글에서 그이를 그리워하고 그이를 만나고 그이를 알고 그이가 되자는 것이다. 글을 읽고 그이를 그리워하면, 얼이 울린다. 글은 그립고 얼은 울린다. 글을 읽고 배움에는 참사람에 대한 그리움과 얼을 울리는 감동이 있어야 한다. 글은 그를 그리워하는 것이다.

함석헌은 평생 그이, 그 사람을 그리워하고 그 사람이 되어 살려고 힘썼다. 그 사람을 가지고 싶고 그 사람이 되고 싶었던 함석헌은 '그 사람을 가졌는가?'라는 시에서 그 사람을 이렇게 노래했다.

> …온 세상 다 나를 버려 마음이 외로울 때에도 '저 맘이야,' 하고 믿어지는 그 사람을 그대는 가졌는가? 탔던 배 꺼지는 시간 구명대를 서로 사양하며 '너만은 제발 살아다오' 할 그 사람을 그대는 가졌는가? …잊지 못할 이 세상 놓고 떠나려 할 때 '저 하나 있으니' 하며 빙긋이 웃고 눈을 감을 그 사람을 그대는 가졌는가? 온 세상의 찬성보다 '아니'라고 가만히 머리 흔들 그 한 얼굴 생각에 알뜰한 유혹을 물리치게 되는 그 사람을 그대는 가졌는가?

씨올은 그 사람의 씨알맹이다. 씨올은 알 사람, 참 사람이다.

씨올은 참 사람, 알 사람인 그 사람을 가지고 싶어서 그 사람을 그리워하고 그 사람이 되려는 이다. 인생의 목적은 그이가 되는 것이고, 그이가 되어야 나라를 바로 세우고 역사를 바른 길로 이끈다.

나는 나다

생명은 스스로 하는 주체다. 그 주체를 '나'라고 한다. 생명의 낮은 단계에서는 그저 살기 위해 꿈틀거리는 주체가 있을 뿐이다. 생명의 높은 단계에 이를수록 몸과 물질에서 자유로운 주체가 된다. 몸과 물질에서 자유로우면서 몸과 물질을 움직이는 주인과 주체는 지성과 정신, 얼과 신이다. 몸과 물질은 생명의 껍질이고 지성과 정신, 얼과 신은 생명의 알맹이다. 몸과 물질을 움직이는 맑은 지성과 얼과 신이 '참 나'다. 몸의 주인이고 주체인 얼은 몸의 속박에서 자유로우면서 몸과 하나로 된 것이다. 씨알의 껍질과 알맹이를 분리할 수 없듯이 사람의 몸과 얼을 분리할 수 없다. 몸은 얼의 몸이 되고 얼은 몸의 얼이 되어야 살아 있는 참 나가 된다. "살·몸은 얼·혼의 참을 증명하는 도장이다. 내 살 내 몸이 닿지 않은 것, 내 피, 내 땀이 배지 않은 것은 내 것이 아니다."[2]

참된 주체인 '나'는 물질의 집착과 욕망에서 자유로운 것이다. 물질세계에서는 원인과 결과의 관계와 법칙이 지배한다. 원인이 결과를 결정한다. 인과因果 관계와 법칙에 따르면 존재와 활동의 이유와 까닭이 밖에 있다. 존재와 활동의 이유와 까닭이 밖에 있는 물질세계에는 주체가 없다. 물질에 대한 집착과 욕망은 바깥 물질이 마음속으로 들어와 마음을 지배하는 것이다. 인간 심리도 원인과 결과의 법칙에 지배를 받는다. 원인과 결과의 법칙이 마음을 지배하는 한, 자유로운 주체인 '참 나'는 없다.

한때 생명 과학자들이 유전자 결정론을 말하기도 했다. 인간의 능력이나 성공 가능성은 유전자에 의해 좌우된다는 것이다. 만일 생물학적 유전자가 인간의 삶을 결정하는 것이라면 자유로운 주체로서의 나는 없는 것이다. 그러나 생물학적 유전물질이 인간의 삶과 정신을 결정한다는 것은 너무 단순하고 소박한 주장이다. 최근에는 유전자가 고정되어 있지 않고 환경 조건에 따라서 반응한다고 본다. 아무리 좋은 유전자라고 해도 환경과 조건에 의해서 자극되고 일깨워지지 않으면 제구실을 하지 않는다. 유전자와 환경이 서로 작용하고 영향을 주면서 삶을 형성한다. 그러나 유전자와 환경의 관계를 말하는 것만으로는 부족하다. 수십억 년 생명진화의 역사에서 유전자를 형성하고 발전시킨 것은 생의 의지다. 유전자와 환경을 움직이고 이끌어가는 것은 인간의 정신과 의지다. 인간의 정신과 의지를 고양시키고 힘 있게 하는 것은 얼이다. 유전자와 환경이 제대로 만나서 제구실을 하게 하는 것은 얼인 '나'다.

함석헌에 따르면 '나'는 이유와 까닭을 제 안에 가진 것이다.[3] 제가 저 자신의 이유와 까닭이다. 제가 저의 까닭이 될 때 비로소 자유로운 주체가 된다. 그때 비로소 "나는 나다!"라고 말할 수 있다. 존재와 활동의 까닭을 자기 안에 가진 사람은 제 삶의 자유로운 창조자가 되고 세상의 일에 무한책임을 진다.

하나님이 이집트에서 종살이하는 이스라엘 백성을 구하라는 사명을 모세에게 주었다. 그 사명을 감당할 자신이 없었던 모세는 하나님에게 이름을 물었다. 하나님은 "나는 나다!"(야훼)라고 말했다(출 3:13-15). 이것은 이름이 아니다. 하나님은 그저 '나'인 존재다. '나'를 잃고 종살이하는 이스라엘 백성에게 '나' 그 자체인 하나님이 해방자로 오신다. '나'를 잃은 이스라엘 백성이 '참 나'인 하나님을 모실 때 종살이에서 벗어나 자유인이 된다.

참으로 있는 것

씨울사상은 생명과 존재를 주체로 보았다. 주체 가운데 주체는 하나님이다. 참된 주체인 하나님이 모든 생명과 존재의 근원이고 중심이고 목적이다. 우주 만물과 온 생명은 주체인 하나님에게서 나와서 하나님 안에서 있다가 하나님께로 간다. 우주 안에 참으로 있는 것은 주체다. 다석은 "해요 달, 저게 있는 것인가? 없는 것이다. 있는 것은 오직 나뿐, 그중에서도 생각 뿐"[4]이라고 말했다. 해와 달은 없다가 있는 것이요, 있다가 없어질 것이다. 지금도 끊임없이 변하는 것이다. 참으로 있는 것, 있는 것들을 있게 하는 것은 '나'뿐이다. 나는 정신과 얼, 주체이다. '나'를 '나'가 되게 하는 것, '나'를 정신과 얼의 주체가 되게 하는 것은 생각이다. 그래서 다석은 참으로 있는 것은 생각뿐이라고 하였다. 더 나아가서 다석은 물체도 깊이와 뜻을 지닌 주체라고 하였다.[5] 물체도 그 존재의 깊이에서는 인과관계의 법칙을 넘어서 우주 생명 전체와 이어지고 우주 생명 전체를 드러낸다. 우주 만물은 그 존재의 깊이에서 우주 전체의 주인과 주체인 하나님의 뜻을 가리킨다. 물체의 깊이에서 주체와 전체가 드러난다.

생명生命: 살라는 명령

함석헌은 생명을 권리에 앞서 의무와 사명을 지닌 존재로 보았다. 생명은 말 그대로 살라는 명령生-命을 받은 존재다. 그러므로 어떤 조건과 형편에서도 삶을 살아야 한다. 삶은 이유 없이 조건 없이 살아야 하는 것이다. 풀은 삶을 포기하지 않으며 꽃은 절망하거나 체념하지 않으며, 나무는 자살하는 법이 없다. 생은 살라는 절대명령을 하늘로부터 받았기 때문이다. 삶은 권리 이전에 의무다. 권리는 사회와 역사 속에서 다른 사람들과의 관계에서 '내'가 얻은 것이고 '나'에게 주어지고 허락된 것이다. 사회 안에서 다른 사람에 대한 자아의 주장이고 요구이다. 권리는 내게 속한 것이다. 권리는 나의 것이므로 내가 주장할 수도 있고 포기할 수도 있다. 삶이 권리라면 내가 삶과 죽음을 선택할 수 있다. 그러나 생명生命은 "살라!"는 하늘의 명령이기 때문에 삶과 죽음의 선택을 허락하지 않는다. 삶은 권리가 아니라 의무다.

삶의 주체인 '나'는 권리 이전의 존재다. '나'는 얼이고 신이기 때문에 물질적·사회적 조건이나 환경에 관계없이 존재한다. 몸은 괴로워도 몸의 주인인 '나'는 나로서 나답게 있다. 몸의 충동과 환경이 '나'를 지배할 때 '나'(얼)는 없고 죽은 것이다. 권리가 있건 없건, 환경이 좋건 나쁘건 얼인 나는 살 수 있고 살아야 한다. 만일 내가 권리에 근거해서 존재한다면 권리를 뺏길 때 나는 생존할 수 없다. 권리에 매인 나는 얼이 아니라 물질에 대한 집착과 욕망과 본능적 충동이 지배하는 거짓 나이다. 권리에서 자유로운 사람만이 권리를 권리로 누릴 수 있다.

생각해야 산다

함석헌은 "너는 씨올이다. 5천 년 역사가 네 속에 있다"라고
했다. 씨올로서 사람은 5천 년 역사뿐 아니라 수십억 년 생명진
화의 역사를 속에 품고 있다. 사람은 5천 년 민족사의 씨알맹이
이고 수십억 년 생명진화사의 속알맹이다. 사람의 몸과 마음
속에 5천 년 역사, 생명진화의 역사가 새겨져 있다. 역사의 씨알
맹이인 사람이 곧 역사다. 사람의 몸과 마음과 머릿속에 역사
가 있고 얼과 신神이 있다. 사람의 몸과 마음과 머리에서 역사
가 새롭게 해석되고 창조된다. 사람은 역사를 짓는 주체이면서
역사가 일어나는 자리다. 사람이 씨올을 싹트고 열매를 맺으면
민족사와 생명진화사가 완성되고 목적을 이룰 것이고 그렇지
않으면 자신과 함께 민족사와 생명진화의 역사가 망한다. 씨올
사상은 사람 속 깊이 잠자는 생명의 씨앗을 싹트게 하여 민족
사와 생명진화사를 완성하는 철학이다.

사람 속 깊이 잠자는 생명의 씨앗을 싹틔워서 역사를 창조
하는 주체가 되려면 생각해야 한다. 함석헌은 "생각하는 백성
이라야 산다" 했고 "철학하는 백성", "깊은 종교를 낳는 민족이
되자" 했다. "우리의 역사적 숙제는 이 한 점에 맺힌다. 깊은 종
교를 낳자는 것, 생각하는 민족이 되자는 것, 철학하는 백성이
되자는 것"이다.[6] 생각함으로써 삶과 정신의 씨앗이 싹트고 참
나가 된다. 함석헌은 생각만이 주체적인 것이고 참 나가 되는

것이라고 했다. 유영모는 생각함으로써 나는 내가 될 수 있고 내가 나를 낳는다고 했다.[7]

뇌신경과학자들 가운데는 생각도 뇌신경세포들과 단백질, 신경화학물질들의 작용으로 환원되고 설명될 수 있다고 주장하는 사람들이 있다. 그러나 뇌신경세포와 단백질과 신경화학물질의 작용은 생각할 때 일어나는 물질적 현상이지 생각 그 자체가 아니다. 단백질과 신경화학물질이 생각하는 것은 아니다. 정신과 얼, 지성과 이성을 가진 내가 생각할 때 그런 물질적 작용과 현상이 일어나는 것뿐이다. 내가 뇌신경세포와 신경화학물질의 작용을 통해서 생각한다고 할 수는 있어도 신체기관과 물질들이 생각한다고 말할 수는 없다. 생각할 때 뇌를 해부하거나 사진 찍으면 보이는 것은 뇌신경세포와 신경화학물질과 단백질의 상호작용뿐이다. 그러나 보이는 것이 다가 아니다. 뵈지 않는 얼과 정신이 생각하는 주체다. 지금 내가 하는 생각은 남이 대신할 수 없는 것이고 나만이 할 수 있는 것이다. 생각함으로써 나는 깨어나고 솟아올라 자유로운 나가 되고 남과 소통하고 사귈 수 있다. 생각함으로써 나는 참된 나가 되고 나와 너와 그가 더불어 살 길이 열린다.

한 나 님―我

씨올사상은 생명의 본성을 주체성과 전체성의 통합으로 본다. 흔히 주체와 전체는 대립하고 갈등하는 것으로 생각하기 쉽다. 서구사상에서는 주체를 강조하면 전체를 소홀히 하고 전체를 강조하면 주체를 외면하는 경향이 있다. 실존주의가 유행하다가 사회철학이 유행하고 다시 개인주의를 내세우다가 사회주의를 내세우곤 한다. 그러나 씨올사상은 처음부터 주체와 전체를 함께 강조한다. 주체의 깊이를 치열하게 파고들고 전체에 대한 무한한 열정을 가짐으로써 주체와 전체를 통합한다. 주체가 깊어질수록 전체에 이르고 전체의 자리에 설 때 비로소 주체는 자유롭고 온전하게 된다. 씨올사상은 주체와 전체의 관계에 대한 탐구이다.

주체가 어떻게 전체와 하나로 될 수 있는가? 다석은 '하나로 돌아감'歸―을 말했다. '하나'는 전체를 뜻한다. 전체는 유와 무, 상대와 절대를 포함한 '하나'이다. 다석은 '하나'를 하나님, 하늘로 이해했다. 사람이 할 일은 '하나로 돌아감'이고 전체를 하나로 만드는 통일統―은 하나님이 할 일이라고 했다. 사람이 하는 통일은 다른 사람들의 주체를 억압하고 배제하므로 '전체의 하나 됨'에 이를 수 없다. 한 사람 한 사람의 '나'가 자유롭게 제구실을 하면서 다른 사람들의 '나'와 함께 전체의 하나 됨에 이르려면 자기 속에서 먼저 '하나로 돌아가는 일'이 일어나야 한다.

'하나로 돌아가는 일'은 나와 전체가 하나로 되는 일이다. 전체이신 하나님 안에서 비로소 사람들의 '나'는 참된 나가 되고 서로 하나가 될 수 있다. 그래서 다석은 신을 '하나님', '한나님' ㅡ我, '한아我님'이라고 했다. 또 나와 전체가 하나 되는 곳은 위 하늘이므로 '한웋님', '하웋님'이라고도 했다. 하나님은 참 나이면서 전체 하나인 분이다. 모든 생명체와 사람의 '나'를 참 나로 되게 하고 모든 생명체와 사람의 나를 전체 하나로 이끄는 이다. '한나님'을 부르고 '한나님'께 나감으로써 '큰 나'가 되고 전체 하나에 이른다. 하나님은 전체로서 주체임을 선언하는 분이다. 하나님을 모시고 사는 씨올은 '스스로 하는' 주체로서 전체를 살리는 이들이다. 하나님의 형상을 품은 하나님의 자녀로서 씨올은 스스로 "나는 나다!" 선언하고 주체가 되어 전체를 실현하고 완성한다. 참된 주체와 전체인 하나님의 아들/딸인 씨올은 참된 주체와 전체의 씨알맹이, 속알을 지닌다. 성경에 따르면 하나님이 사람을 자신의 형상대로 창조했다. 하나님의 형상이란 무엇인가? 그것은 하나님의 본성과 존재를 드러내는 것이다. '주체와 전체의 하나 됨'이 하나님의 본성과 존재를 드러내는 것이고 그것이 바로 하나님의 형상이다. 주체와 전체는 사랑과 정의를 통해 하나로 통일되고 실현되고 완성된다. 사랑 안에서 비로소 주체와 전체가 드러나며 정의 안에서 주체와 전체가 실현된다. 사람의 속알맹이 속에 하나님의 형상이 새겨 있고 사

랑과 정의 안에서 사람의 속알이 싹틀 때 주체이며 전체인 하
나님의 형상이 뚜렷이 드러난다.

내가 길이다

　전체의 자리에 선 '나'에게서 길과 진리와 생명이 생겨 나온
다. 거룩한 얼인 그리스도는 전체 하나님의 자리에 선 '나'다. 그
러므로 "내가 길이요 진리요 생명이다"(요 14:6). 전체이신 하나
님의 거룩한 얼과 그리스도를 모신 사람은 누구나 "내가 길과
진리와 생명"이라고 할 수 있다. 예수만이 그런 말을 할 수 있는
것은 아니다. 예수도 하나님의 얼과 말씀을 모셔서 그리스도가
되었기 때문에 그렇게 말할 수 있었다. 어떤 사람이든 예수가
지녔던 거룩한 얼을 지니고 사는 사람은 스스로 길이 되고 진
리가 되고 생명이 된다. 길이 따로 있어서 내가 그 길로 가는 게
아니라 내가 가면 길이 된다. 내가 걸어가는 발끝에서 길이 열
린다. 내가 걸어가면 길이 생긴다. '내'가 진리의 내용이고 목적
이다. '나'를 찾는 것이 진리고 '나'에 이르는 것이 진리다. '나'에
게서 진리가 비롯되고 생겨 나온다. '내'가 생명의 원천이고 주
체다. 내가 있으면 산 것이고 내가 없으면 죽은 것이다.
　참 나를 가지고 전체의 자리에 선 사람은 스스로 사랑과 정
의의 길을 내고 사랑과 정의를 실현한다. 사랑과 정의는 주체성

과 전체성의 진리를 나타낸다. '내'가 자유로워야 사랑과 정의를 실천할 수 있고, 사랑과 정의를 실천해야 전체가 하나로 되는 길이 열린다. 사랑과 정의를 실천하는 일은 무슨 일이든 '내'가 시작하고 '내'가 해야 한다. 목마른 이에게 물 한 그릇을 주는 일도 배고픈 이에게 밥 한 그릇을 나누는 일도 '내'가 해야 한다.

누가 대동大同세상을 이루는가?

어떻게 자유와 평등, 정의와 평화의 대동세상이 이루어지는가? 공자가 오고 석가가 오고 예수가 왔어도 자유롭고 공정한 세상은 오지 않았다. 언제 그런 세상이 올 것인가? 어떤 위대한 성인도 아무리 뛰어난 집단도 그런 세상을 가져다주지 못한다. 천 년이 가고 만 년이 가도 씨올 한 사람 한 사람이 깨어나 이성과 영성을 자각하여 자유롭고 평등한 사람, 공정하고 평화로운 사람이 되지 않으면 그런 세상은 오지 않는다.

그래서 석가는 각자 깨달아야 한다고 가르쳤다. 각자 깨달아 이성과 영성의 꽃을 피우고 사랑과 정의의 열매를 맺는 길밖에 없다. 십자가에 달린 예수는 고난을 겪고 죽었을 뿐이다. 그렇게 아무 일도 하지 않고 고통받고 죽었기 때문에 고난받고 죽은 예수를 보고 우리가 스스로를 돌이켜 참회하고 우리 자신의 이성과 영성을 자각하고 스스로 죄악에서 벗어나 생명의 길로 나아가야 한다. 씨올 한 사람 한 사람이 깨달아 이성과 영성을 꽃피워 참 나가 되고 전체 하나의 세상을 열어야 한다. 씨올이 스스로 생각하고 판단하고 행동하는 길밖에 없다.

씨올 한 사람 한 사람이 깨닫는다는 것은 무엇을 말하는가? 자신이 이성적 존재요 영성적 존재임을 깨닫는 것이다. '스스로 하는' 주체가 되고 '전체 하나 됨'에 이르려는 생의 본성과 목적, 수십억 년 생명진화 과정을 통해 추구해 온 생의 목적을 깨닫는 것이다. 인간이 자신의 이성과 영성에 따라 살 때 스스로 하는 주체인 참 나가 되고 전체의 하나 됨에 이른다. 씨올 한 사람 한 사람이 주체가 되어 전체의 자리에 설 때 자유롭고 공정한 대동세상이 열린다. 자유로운 주체만이 더불어 사는 세상을 이룰 수 있다.

어떻게 자유로운 주체가 되는가? 물질에 대한 욕심과 집착에서 벗어날 때 내가 자유로운 주체가 될 수 있고 상대를 주체로 볼 수 있다. 내가 나다운 나가 되고, 너를 너로, 그를 그로 볼 수 있다. 물질적 집착과 편견에서 벗어나야 나와 너와 그가 서로 주체성과 하나 됨에 이를 수 있다. 나와 너와 그가 모두 저답게 되고 자유로우면서 서로 하나가 될 때 자유와 평등, 정의와 평화의 세상이 이루어진다.

빈탕한데서 하늘과 사귐

내가 나답게 자유로우면서 서로 즐겁게 하나로 되는 대동세
상은 사람의 마음과 삶에서 하늘이 열릴 때 이루어진다. 다석
은 물질의 욕심과 집착에서 벗어나 빔과 없음의 세계인 하늘의
빈탕한데虛空에서 서로 어우러져 자유롭게 놀자고 했다. 그는 인
생의 결론이라면서 '빈탕한데 맞혀 놀이'를 제안했다. 욕심과
집착에서 벗어나면 하늘의 빈탕한데에서 서로 위하고 더불어
살면서도 자유롭게 맘대로 할 수 있다. 서로에게 걸림이나 매임
없이 맘대로 자유로운 경지에 이른다. 이것이 빈민운동가 제정
구가 말한 '가짐 없는 큰 자유'다.

물질에 대한 욕망과 집착에 사로잡히면 물질을 있는 그대로
보지 못하고 왜곡하거나 변질시켜서 본다. 물질에 대한 욕망과
집착에서 벗어날 때 물질을 있는 그대로 깊이 볼 수 있다. 선불
교에서 "물은 물이고 산은 산"이라고 한 것도 욕심이나 집착 없
이 볼 때 물이 물로 산이 산으로 제대로 보인다는 것을 말해 준
다. 물질과 일을 있는 그대로 그 자체로서 볼 때 물질과 일을 물
성과 이치, 본성에 따라 실현하고 완성할 수 있다. 다석은 이런
경지를 "마음대로 하고 물질대로 되게"로 표현하였다. 몸과 몸
의 본능은 물질에 속한다. 따라서 "맘대로 하고 몸대로 되게"라
고 하기도 했다.

하늘의 허공에서 자유롭게 놀 수 있을 때 물질과 일을 그

본성과 이치에 따라 온전하게 실현하고 완성한다. 물질과 일로부터의 자유로움이 물질과 일에서 무궁한 가치와 보람을 이끌어낸다. 마음은 마음대로 완성되고 물질은 물질대로 완성되는 길을 가는 것이 인생이다. 이것은 사람이 물질의 주인 노릇을 하는 것이며 자신과 만물을 구원과 완성에로 이끄는 것이다. 다석은 이것이 하나님의 씨올(자녀)인 사람의 마땅한 길이라고 했다.

하나님의 자녀로서 사람은 하나님(하늘)과 사귀는 삶을 살아야 한다. 하나님과의 사귐親天은 '빈탕한데 맞혀 놀이'와 같은 것이다. 빈탕한데의 하늘에서 하나님의 어린 자녀天子로서 자유롭게 노는 것이 하늘의 주인인 하나님과 사귀는 것이다. 다석은 이것을 부자유친父子有親이라고 했다. 유교에서는 육신의 아버지와 사귀는 것을 말했으나 다석은 하나님 아버지와 사귀는 것을 말했다. 하나님 아버지를 그리워하고 사귀는 것은 하나님 아버지의 본성과 뜻을 드러내는 하늘을 그리워하고 하늘과 사귀고 하늘에서 노는 것이다. 하나님의 본성과 뜻은 사랑과 정의로 나타나고 하늘은 대동정의大同正義의 세계를 나타낸다. 빈탕한데 맞혀 놀이와 부자유친은 사랑과 정의를 실행함으로써 대동세계를 이루자는 것이다. 하늘, 하나님의 씨올을 품은 사람들은 서로 하늘의 씨올을 싹트게 함으로써 생명과 평화의 공동체 세상을 열어간다.

우주만물의 탄식과 우주적 사랑의 공동체

사람이 물질적 속박에서 벗어나 자유로운 얼(주체)로서 우주 전체(의 주인인 하나님)와 하나 되는 삶을 살 때 우주만물과 생명진화역사는 보람 있고 뜻있게 된다. 우주 만물은 생성소멸하는 운명의 사슬에 묶여 있다. 사람 안에 우주의 모든 요소들이 들어와 있다. 물질의 온갖 요소들, 생명, 의식, 정신, 영, 신이 사람 안에 깃들어 있다. 사람의 속이 깊어지고 자유로워져서 전체 생명과 하나 됨에 이를 때 사람 안에서 우주도 허무와 썩어짐의 물질적 속박에서 해방된다.

그래서 바울은 물질적 속박에서 벗어난 하나님의 자녀들이 나타나기를 만물이 간절히 기다리고 있다고 하였다. 하나님의 자녀들이 나타나지 않으면 만물은 허무와 썩어짐 속에서 멸망에 이른다. 따라서 만물은 고통과 탄식 속에서 하나님의 자녀들이 누리는 삶의 영광과 자유에 참여하게 되기를 고대하고 있다(롬 8:19-22). 사람이 물질적 속박에서 벗어나 영원한 생명에 이를 때 만물도 영원한 생명에 참여하고 보람을 얻게 된다. 사람과 자연생명세계와 우주만물이 하나님 안에서 하나의 가족 공동체, 나라를 이루게 된다. 이 우주적 사랑의 생명공동체는 주체와 전체의 일치를 추구하는 얼의 자유 속에서 자라고 완성된다.

6장
—
씨올의 삶과 세계 평화

생명은 물질과 정신의 만남이다. 물질에서 물질과는 전혀
다른 생명과 정신이 피어났다. 생명은 유한한 물질(육체) 속에
무한한 정신(얼)이 깃든 것이며, 서로 다른, 대립되고 모순되는
정신과 물질이 공존하고 결합된 것이다. 생명은 서로 다른 것의
평화로운 공존이다. 물질의 수준에서는 하나로 공존할 수 없는
이질적인 요소들, 암모니아, 메탄, 수소, 철, 인, 황, 칼슘, 비타민
이 평화롭게 통합되어 하나의 생명체를 이룬다. 우주의 서로 다
른 물질적 요소들이 상생 협력하여 생명으로 피어난 것이다. 또
한 하나의 생명체 안에서 서로 다른 기능들과 기관들, 팔, 다리,
배, 머리, 눈, 귀, 코가 몸 안에서 공동체적으로 상생 협력하고
있다. 생명은 그 자체가 존재의 놀라운 기적이며 아름다운 평화
다. 생명 속에는 이미 서로 다른 것의 만남과 공존을 위한 힘과
지혜가 담겨 있다.

육체 속에 정신을 품은 생명체는 한없이 연약하고 불안정한 것이다. 상처받기 쉽고 병들기 쉽고 죽기 쉽다. 살기 위해 날마다 먹어야 하고 쉬어야 하고 자야 하며 서로 사귀고 놀아야한다. 이처럼 불안정하고 다치기 쉬운 생명체는 길이 살기 위해늘 자라고 새롭게 되는 존재다. 깊고 높고 큰 생명이 되기 위해생명체는 새롭게 자라고, 늘 변한다.

물질은 생성소멸하는 것이고 원인과 결과의 법칙에 매인 존재다. 물질에 대한 탐욕과 집착에 빠지면 마음이 물질에 속박되고 휘둘린다. 그러면 만족할 수 없고 평화로울 수 없다. 삶이평화로우려면 물질(몸) 안에 있으면서 정신이 물질에서 자유로워야 한다. 그래야 물질(몸)을 물질대로 물성과 이치에 따라 실현하고, 정신은 자유와 완성에 이른다. 정신이 물질에서 자유로움으로써 맘이 맘대로 자유롭고 몸이 몸대로 되면 길이 평화로울 수 있다.

씨올의 평화

평화는 생명에서 나온다. 생명 자체가 평화이고 생명 활동이 평화운동이다. 씨올은 생명의 본성과 알짬을 품고 있다. 씨올은 생명의 평화로운 본성을 나타낸다. 하늘의 햇빛과 바람, 땅의 흙과 물이 화합하고 협력하여 씨올과 함께 평화로운 생명 창조 활동을 펼친다. 씨올은 스스로 싹트고 스스로 자라고 스스로 꽃피고 스스로 열매를 맺는다. 창과 칼, 대포와 총으로, 폭력과 강제로 씨올을 싹트고 꽃피게 할 수 없다. 스스로 하는 씨올의 생명활동은 평화로운 것이며, 평화를 이루는 것이다.

작은 씨올 하나가 하늘과 땅의 우주적 평화를 드러내고 생명의 평화로운 본성을 나타내며 자연생명세계의 평화를 실현한다. 작은 씨올 하나의 생명활동 속에서 전체 생명의 평화가 실현된다. 풀숲에 숨어 있는 들꽃 하나가 우주 전체 생명의 평화를 드러낸다. 씨올은 작은 생명체 속에 자연생명세계 전체의 평화를 담고 있다. 씨올의 생명활동은 하늘과 땅과 생명을 상생과 공존 속에서 하나로 되게 하는 평화운동이다.

자연과 흙의 평화

씨올은 흙과 자연의 평화로운 활동 속에서 생겨났고 흙과 자연의 평화를 드러낸다. 함석헌은 흙과 자연의 평화를 이렇게 말한다.

씨올의 바탕인 흙이 무엇입니까? 바위가 부서진 것입니다. 바위를 부순 것 누구입니까? 비와 바람입니다. 비와 바람은 폭력으로 바위를 부순 것이 아닙니다. 부드러운 손으로 쓸고 쓸어서, 따뜻한

입김으로 불고 불어서 그것을 했습니다. 흙이야말로 평화의 산물입니다. 평화의 산물이기에 거기서 또 평화가 옵니다.[1]

흙은 굳은 바위가 깨지고 부서진 것이다. 굳고 딱딱한 바위가 부서지는 방식도 평화로운 것이다. 비와 바람이 수억 년, 수만 년 동안 바위를 어루만져 작고 겸허한 알갱이로 만들었다. 크고 굳센 바위가 한없이 작고 부드러운 알갱이로 되었다. 깨지고 부서지고 녹아지는 오랜 과정을 거쳐서 흙이 생겨났다. 흙은 겸허하고 부드러운 것이다. 흙은 평화의 산물이다. 씨올은 흙 속에 묻혀서 깨지고 죽음으로써 흙의 평화를 푸른 잎과 붉은 꽃과 향기로운 열매로 피워 낸다. 생명은 자연의 평화를 아름답게 고양시키고 완성한 것이다.

씨올로 본 평화 이해

흔히 지배 권력층과 지식인들은 평화를 전쟁 없는 상태로 규정한다. 다툼과 혼란이 없는 안정과 질서를 평화로 본다. 강대한 제국이 군사력으로 다른 나라들을 정복하여 전쟁이 없는 상태를 평화라고 한다. 위에서 내려다보는 이런 평화 이해에는 억압과 착취, 가난과 차별이 바탕에 깔려 있다. 스웨덴의 평화학자 요한 갈퉁은 "구조적 폭력이 없는 상태"를 평화라고 하

였다. 요한 갈퉁의 평화 이해는 표현은 소극적이지만 내용은 적
극적이다. 구조적 폭력은 사회의 질서 속에 구조화된 억압과 착
취, 가난과 차별을 나타내기 때문이다.

이스라엘은 평화를 샬롬이라고 한다. 샬롬은 '온전하고 충
만한 삶'을 뜻한다. 사랑과 정의 속에서 삶이 온전하고 충만하
게 실현된 것을 나타낸다. 이스라엘은 나라를 잃고 역사와 사
회의 밑바닥에서 억압과 착취, 차별과 가난을 경험한 민족이다.
샬롬이란 말에는 역사와 사회의 바닥에서 고난당하는 민중의
평화 이해가 반영되어 있다. 이것은 아래로부터 본 평화 이해다.
억압과 소외 속에서 고난받고 죽어 가는 민중은 사랑과 정의가
충만한 삶을 갈구한다. 억눌리고 짓밟힌 민중의 삶이 온전하고
충만하게 피어나고 실현되는 것이 평화다.

함석헌은 나라를 잃고 고통당하는 한국 민중의 한 사람으
로서 평화를 생각했다. 자신을 포함하여 민중 한 사람 한 사람
을 역사와 사회의 씨올로 보고 씨올의 평화를 말했다. 흙 속에
묻힌 씨올은 자기를 깨트리고 씨올의 생명이 싹트고 자라고 꽃
피기를 갈망한다. 씨올의 평화는 무거운 흙덩이를 뚫고 생명이
싹트고 자라는 것이다. 씨올이 꽃피고 열매 맺는 것 그것이 평
화다. 민중 씨올은 역사와 사회의 무거운 짐에 눌려 있다. 여러
겹의 구조적 폭력을 뚫고 민중이 자신의 생명을 펼치고 완성하
는 것이 평화다.

함석헌은 생명의 기운이 쭉쭉 뻗고 생의 정신과 양심, 얼과

정기가 곧게 뻗는 것이 평화라고 보았다. 평화의 '평'平에서 가로로 그은 두 획 가운데 아래 획은 땅, 위 획은 하늘을 나타내고, '小'는 씨올이 땅을 뚫고 하늘로 솟아오르는 모습을 나타낸다는 것이다. 평화의 '평'平은 "막힌 기운을 활짝 열어젖혀서 쑥쑥 발산되도록 하는 뜻"을 가진 것이며 "단순히 기계적 물리적 정지상태라기보다는 갇히고 눌리는 기운을 헤쳐서 자유롭게 발산시킨 때에 오는 시원한 정신상태를 표시하는 것"이다. 따라서 평화는 "격동 속에서 자기를 잃지 않는 것", "속 정신이 활발하게 피어오르는 것"이다.[2]

씨올의 평화에는 씨올의 생명이 솟아오르는 기쁨이 있다. 씨올의 평화 속에서 나는 나대로 나답게 되고, 너는 너대로 너답게 되면서 전체가 하나로 되는 대동정의세계가 열린다. 이것은 씨올 생명의 평화, 씨올 민중의 평화다. 이것은 역사와 사회의 아래로부터 싹트고 피어오르는 밑바닥 씨올의 평화이고 하늘 생명의 얼과 정기가 꽃피고 열매 맺는 하늘의 평화다.

나와 너 속에서 꿈틀거리는 생명력

씨올이 흙 속에 떨어져 자기를 깨트리고 펼치는 생명활동은 지극히 평화로운 것이다. 씨올의 생명활동에는 폭력과 강제가 없다. 하늘의 햇빛과 바람, 땅의 흙과 물이 서로 내어 주고 서로 모시는 사랑과 겸허의 활동 속에서 씨올의 생명 활동은 시작되고 펼쳐진다. 생명은 사랑으로 자라고 겸허함으로 큰다. 생명을 자라게 하고 새롭게 하는 힘은 사랑과 평화의 힘, 비폭력의 힘이다. 씨올은 개체의 생명을 깨트려서 전체의 생명이 살아나게 한다. 씨올의 속 깊은 곳에 서로 살리고 더불어 사는 전체의 뜻과 힘이 있다. 주체의 속 깊은 데서 전체의 큰 생명과 하나로 된다. 씨올은 구체적이고 주체적인 생명이 전체 생명과 하나임을 보여 준다.

옛날에 밥맛이 없고 삶의 의욕이 떨어진 사람에게 "원院이나 둘러보게" 하고 충고하는 풍습이 있었다. 당시 원院은 의지할 곳 없는 병들고 늙은 거지들을 수용하는 국가구호기관이었다. 거기에 가면 절망적인 상황에서도 살려고 꿈틀거리며 안간힘 쓰는 사람들을 볼 수 있다. 이들을 보다 보면 저도 모르게 삶의 의욕이 생기고 힘이 솟는다.

왜 그럴까? 자기보다 훨씬 불행한 사람들도 살려고 힘쓰는 것을 보면서 저들의 처지와 자신의 처지를 비교하고 위안을 얻는 것으로 설명하기도 한다. 단순히 서로 다른 처지를 비교해서 개인적으로 위안과 힘을 얻는다고 보는 것은 생명에 대한 깊은 성찰에서 나온 생각은 아닌 것 같다. 나의 생명의 깊은 자리에서 그리고 고통당하는 저들의 생명의 깊은 자리에서 서로 이어지고 함께 울리는 전체 생명이 살아 꿈틀거린다. 이 전체 생명 속에 무궁한 힘과 지혜가 있다. 고통당하는 저들의 생명을 보면

저들의 생명의 깊은 곳에서 살아 움직이는 전체 생명의 무한한
생명력을 느끼게 되고 그 생명력이 내 속 깊은 데서도 살아서
꿈틀거리는 것을 알게 된다. 그러면 살 힘이 속에서 솟아난다.

기축基軸시대의 영성과 비폭력

사람은 전체 생명의 씨올이다. 사람 속에는 무궁한 생명력,
죽어도 죽지 않고 시들지도 마르지도 않는 생명력인 얼과 사랑
이 있다. 얼과 사랑이 수십억 년 생명진화를 이어 온 전체 생명
의 씨알맹이고 '참 나'이다. '참 나'는 비물질, 비폭력이다. 사람
의 속의 속에 있는 '참 나'는 전체를 하나로 품을 수 있다. 전체
하나인 하늘을 모실 수 있다. 모든 것을 사랑으로 품는 전체는
아무도 배제하지 않고 아무에게도 폭력을 쓰지 않는다.

인류역사에서 정신의 깊이와 혁신을 가져온 기축시대(주전
500년 전후)를 대표하는 석가, 공자, 노자, 예레미야, 소크라테스
는 이성과 영성의 깊은 자각을 추구했다. 이들은 인간의 깊은
내면에서 죽어도 죽지 않는 참된 생명에 이르렀다. 이들이 발견
한 신령한 생명은 개인의 삶과 죽음, 성공과 실패, 이김과 짐을
넘어서는 것이었다. 내적 생명에 대한 자각은 이기적 자기중심
성과 편견을 벗어나서 타자에 대한 공감과 배려, 자비와 비폭력
에로 이끌었다.

기축시대의 성현들이 발견한 신령한 내적 생명은 유영모, 함석헌이 말하는 인간 생명의 씨알맹이다. 사람의 씨알맹이인 속 생명은 주체적으로 자유로우면서 '나'와 '너'의 대립과 갈등을 넘어선 전체 하나의 생명과 직결된다. 주체와 전체가 사람의 깊은 속에서 결합되어 있다. 주체와 전체가 결합되어 있는 것이 바로 씨울이다. 내가 나다울수록 전체 생명을 드러내고 실현한다. 전체 생명의 자리에 설수록 나는 나답게 힘차게 살아난다. 생명의 속 깊이에서 얼과 영성이 빛나고 얼과 영성을 통해서 전체 생명이 실현된다.

전체 하나인 하늘(하나님)을 모신 사람은 주체와 전체를 일치시키는 비폭력의 힘을 쓸 수 있다. 비폭력은 사람의 씨알맹이인 이성과 영성, 양심과 정기正氣의 힘이다. 생명과 정신의 씨알맹이인 속힘이 싱싱하게 살아 있어야 폭력에 맞서 싸울 수 있다. 속의 힘이 시들거나 마르지 않게 하려면 삶과 정신의 한가운데 중심점을 찍어 자기를 비워야 하고(가온찍기), 그 가운데가 막힘없이 두루 통하도록 줄곧 뚫림이 있어야 한다. 죽어도 죽지 않고 어떤 환경과 처지에서도 시들거나 마르지 않는 생명력이 솟구치는 사람, 속이 줄곧 뚫려 하늘의 기운이 통하는 사람, 속에서 얼의 불이 타오르는 사람이 비폭력의 힘을 지닌 사람이다. 비폭력은 각 사람의 속에 있는 얼 생명의 힘이면서 얼 생명을 깨우고 싹트게 하고 자라게 하는 힘이다. 이것은 한 사람 한 사람의 주체를 살리는 힘이며 한 사람 한 사람의 주체를 살림으로써 전체 생명이 살게 하는 힘이다.

그러나 사람의 본능적 충동은 강력하고 영성과 양심은 미약하다. 그리고 사람과 사람 사이의 골은 깊고 간격은 크게 벌어져 있다. 따라서 소통과 일치보다는 오해와 갈등, 대립과 투쟁에 빠지기 쉽다. 씨울의 비폭력운동은 오해와 갈등, 대립과 투쟁 속에서 서로의 이성과 영성을 싹트게 하는 노력이다. 나의 속에서만 아니라 나와 싸우는 상대의 속에서도 이성과 영성이 살아 있으며 싹트고 자랄 수 있음을 믿고 상대의 이성과 영성이 깨어날 수 있는 방식으로 싸우는 것이 비폭력투쟁이다. 비폭력 운동은 각자의 '나'(이성과 영성)가 깨어나서 전체 하나의 삶에 이르자는 꿈틀거림이다. 비폭력 운동을 하는 사람은 자아의 껍질을 깨뜨림으로써 속 생명이 살아나게 하고, 자기 속에 있는 하늘의 힘, 전체 생명의 힘을 믿으며 한없이 인내하고 끝없이 기다린다.

황금률: 서로 바꾸어 생각하기

비폭력 운동은 끊임없이 서로의 심정과 처지에서 생각하고 느끼는 데서 시작한다. 상대를 제거하고 배제하기 위해서 싸우는 게 아니라 상대와 더불어 살고 전체 하나로 살기 위해서 싸운다. 비폭력 운동은 나뿐 아니라 상대인 적을 구원하고 살리는 운동이다. 악과 불의와 타협하지는 않지만 악과 불의를 저지르는 사람의 이성과 영성을 신뢰하고 깨우려고 힘써야 한다. 상대의 마음을 깨우고 살리려면 상대의 마음과 처지에서 생각하고 행동해야 한다.

각자 속 생명의 씨올이 깨어나고 싹틈으로 새 힘이 나서 전체 하나의 평화 세계로 나아가는 것이 씨올의 생명평화운동이다. 다석 유영모는 '주기도문'에서 "우리의 삶이 힘씀으로 새 힘 솟는 샘이 되옵고… 사람이 서로 바꾸어 생각을 깊이 할 수 있게 하시며"라고 하였다. 씨올은 무거운 짐을 지고 사는 존재이므로 삶의 짐에 눌리지 않으려면 힘씀으로써 새 힘이 삶에서 샘처럼 솟아나게 해야 한다. 다석은 '용서'라는 말 대신에 "서로 바꾸어 생각을 깊이 할 수 있게"라고 했다. 용서라는 말은 막연하고 어렵다. 용서라는 말은 전체 하나의 자리에 이를 때만 의미가 있는 말이다. 따라서 말은 쉽지만 실제로는 용서하기도 용서받기도 어렵다. 그러나 서로 바꾸어 생각을 깊이 하는 것은 누구나 애써 해볼 수 있다. 서로 바꾸어 생각을 깊이 하다 보면 서로 속의 씨올이 싹트고 자라서 소통하고 일치하는 데 이를 수 있다.

원수를 원수로만 알고 미움과 분노에 사로잡히면 폭력과 저주에 빠지게 된다. 그러나 원수라 하더라도 원수일수록 서로 바꾸어 생각하다 보면, 원수의 자리에서 생각해 보면 미움과 폭력에서 벗어날 수 있다. 서로 바꾸어 생각한다는 것은 원수의

심정과 처지를 내 마음에 비추어 생각해 보는 것이다. 남의 심
정과 처지를 내 마음에 비추어 보는 것이 공자가 말한 서恕다.
'恕'는 '如心'(내 마음과 같음)이다. 내 마음에 비추어 보아서 내
가 싫은 것을 남에게 하지 않는 것이 모든 종교와 도덕과 철학
의 기본 가르침인 황금률이다. 황금률은 서로 바꾸어 생각하
는 것이며 상대에 대한 공감과 배려, 사랑과 자비에서 나온 가
르침이다.

죄악은 미워해도 사람은 미워하지 않기

비폭력은 죄와 악은 미워해도 사람은 미워하지 않는 것이
다. 그러므로 죄와 악을 극복하고 없애기 위해 힘을 다해 싸우
지만 그 싸움은 죄와 악을 저지른 사람을 사랑하고 구원하기
위해 싸우는 것이다. 이런 비폭력의 싸움을 싸우려면 어머니처
럼 모두를 감싸 안는 전체 생명(하나님)의 자리에서 생각하고
행동해야 한다. 전체 생명의 자리에서 어머니의 심정으로 생각
하면 세상의 죄와 악에 대해서 무한책임을 지게 된다.
이 세상에 나와 무관한 죄와 악은 없다. 왜 그런가? 첫째, 전
체의 자리에서 전체의 마음으로 전체를 구하기 위해 싸우는 사
람에게는 모든 죄악의 문제가 나의 문제가 될 수밖에 없다. 둘
째, 모든 죄악은 자기중심적인 탐욕과 분노와 편견에서 나온 것

이다. 자기중심적인 자아를 가지고 사는 한 나도 그런 죄를 저지를 수밖에 없다. 이기적인 자아의 뿌리는 내 속에 깊이 뿌리박혀 있다. 그러므로 죄와 악을 누가 저질렀든지 죄악의 뿌리는 내 속에도 있는 것이므로 나의 문제가 된다. 세상의 죄악에 대해서 나는 무한책임을 져야 한다.

죄악의 뿌리가 각 사람의 속에 있으므로 죄악을 저지른 사람을 처벌하거나 제거하는 것으로는 그 뿌리를 뽑을 수 없다. 모든 사람의 속마음은 죄의 뿌리로 얽혀 있다. 사람 속에 있는 죄의 뿌리는 남이 뽑아 줄 수 없다. 사람은 제 속에 있는 죄의 뿌리를 제 속의 얼과 신의 힘으로 스스로 뽑아야 한다. 그래서 함석헌은 악한 죄인의 목을 자를수록 내 속으로 죄와 악이 들어온다고 했다. 함석헌은 죄와 악, 불의와 폭력에 대한 싸움은 타협이나 굴복 없이 줄기차게 이어갔지만 현실의 선악에 대한 흑백논리는 단호히 거부했다. 악의 뿌리는 내 속에 있고 악인은 전체의 생명과 뗄 수 없이 결합되어 있기 때문이다.

하나님을 믿고 하나님 안에서 산다는 것은 주체의 깊이에서 그리고 전체 생명의 자리에서 생각하고 말하고 행동한다는 것이다. 그것이 얼과 참으로 사는 것이고, 비폭력으로 사는 것이다. 하나님 안에서, 다시 말해 주체의 깊이와 전체의 자리에서 생각하면 역사도 사회도 유기체적 생명체로 파악된다. 함석헌은 역사의 과거와 현재와 미래를 하나의 통일된 생명체, 인격체로 보았다. 이렇게 보면 과거와 미래에 대해서 무한책임을 지게 된다. 과거의 모든 잘못과 죄악이 오늘 우리의 어깨에 지워져 있으며, 오늘 우리의 삶에 따라 미래가 결정된다. 오늘 우리는 과거의 죄악과 불의를 청산하고 아름답고 풍성한 미래를 열 책임과 의무가 있다.

사회를 깊이에서 전체로 보면 공동체로 보게 된다. 사회 속의 어떤 사람도 나와 무관한 남이 아니다. '펜들힐의 명상'에서 함석헌은 스승 예수를 배신하여 십자가에 달리게 한 유다에 대해 생각했다. 유다와 화해하고 유다를 구원하지 못하면 천국은 완성될 수 없다고 하였다. 가장 큰 죄인, 가장 용서하기 어려운 원수를 끌어안지 못하면 전체의 하나 됨은 깨지고 만다. 전체 생명인 하나님의 자리에서 보면 누구보다 먼저 유다를 구원하고 받아들여야 한다.

한 몸 공동체의 자각

비폭력은 '너'를 살림으로 나와 전체가 살자는 것이다. 사람마다 내가 살기 위해 너를 희생시키면 전체가 죽는 길로 가게 된다. 그러나 사람마다 서로 살리면 다 함께 사는 길로 가게 된다. 모든 사람의 삶은 전체 생명과 이어져 있으므로 너를 살리는 것은 결국 나를 살리는 것이 된다. 사회의 구성원들이 더욱 긴밀하게 결합되고 민주화될수록 우리의 삶은 서로 깊게 얽혀

지고 서로 의존하게 된다. 그러므로 남을 이롭게 하는 것이 나를 이롭게 하는 것이고 남을 살리는 것이 나를 살리는 것이 된다. 국민이 나라의 주인과 주체가 되고 소비자가 생산과 소비의 주체가 되는 세상에서는 남을 이롭게 하고 살리는 것이 나와 전체를 이롭게 하고 살리는 것이 된다.

비폭력은 전체 생명을 공동체적인 '한 몸'으로 느낄 때 제대로 실천될 수 있다. 서로 기능과 구실은 다르지만 전체 한 몸을 이루는 지체임을 알 때 서로 폭력을 휘두르는 적대 관계에서 벗어나 '서로 살림'과 '더불어 있음'의 삶을 실현할 수 있다. 비폭력은 인류와 우주가 한 몸이라는 깊은 영적 깨달음에서 나올 수 있다. 오늘날 온 인류를 하나 됨의 세계로 끌고 들어가는 과학기술 문명은 한 몸 공동체의 영적 자각에로 우리를 내몰고 있다.[3]

한 몸 공동체의 영적 자각은 주체의 깊이와 전체의 자리에서 이루어진다. 주체의 깊이와 전체의 자리는 평면적인 흑백논리가 아니라 생명과 영성의 입체적인 논리에서 발견된다. 유영모가 말했듯이 잘하고 못하고 높고 낮고 살고 죽는 평면의 논리, 갈등과 충돌, 대립과 경쟁의 논리를 넘어서 잘함과 못함, 높음과 낮음, 삶과 죽음의 가운데 길로 솟아오를 때 한 몸 공동체의 영적 자각과 비폭력의 길이 열린다.

한 몸 공동체의 이성적·영성적 자각에 이를 때 상생평화의 삶으로 나갈 수 있다. 손이 발을 돕고 발이 손을 도우며, 머리가 몸을 돌보고 몸이 머리를 지원한다. 손과 발이 다투고 몸과 머리가 맞서면 평화는커녕 생존 자체가 불가능하다. 생명의 깊은 자유를 지니고 전체 생명의 높은 뜻을 아는 사람만이 손이 발을 돕고 머리가 몸을 돌보는 이치를 실천할 수 있다. 이것이 비폭력 평화의 길이다. 한 몸의 지체들이 서로 폭력을 휘두르면 서로 죽게 된다. 한 몸의 지체임을 깨달으면 서로를 살리는 것이 함께 사는 길임을 알게 된다.

국가와 민족의 경계를 넘어서 인류가 하나 됨의 세계로 나아가고 있는 오늘 우리에게 살 길로 주어진 것은 비폭력의 길밖에 없다. 비폭력의 길은 이성과 영성의 깊은 자각에서 나올 뿐 아니라 이성과 영성의 높은 자각을 촉구하고 그 자각에로 이끄는 길이다. 그것은 오늘 인류의 문제를 해결하는 참된 길일 뿐 아니라 인류와 자연생명 세계를 구원하여 평화세계로 이끄는 새로운 삶의 방식이다.

전쟁의 시대에서 평화의 시대로

제국주의 식민지 쟁탈전으로서 1, 2차 세계대전을 치른 20세기는 전쟁의 시대다. 이 시기에 국가의 폭력이 절정에 이르렀다. 20세기 100년 동안 국가에 의해 살해된 사람 수가 2억 300만 명에 이르고 그 가운데 1억 3천만 명은 자국민이라고 한다.

막스 베버에 따르면 국가는 폭력을 합법적으로 독점한 기관이다. 국가와 민족의 벽을 넘어 세계평화와 통일로 나가는 오늘의 시대는 국가 폭력의 정당성에 근본적인 의문을 제기한다.

21세기는 국가주의문명에서 세계평화문명으로 넘어가는 시대다. 국가주의문명을 주도한 것은 전쟁과 폭력이고, 세계평화문명을 주도할 원리와 가치는 상생과 공존의 비폭력이다. 21세기에 국가주의 문명은 저물고, 새로운 세계평화문명이 동트고 있다. 국가주의문명을 극복하고 세계평화문명을 이룩하는 것이 이제까지 걸어온 인류사의 방향과 일치할 뿐 아니라 생존의 위기에 빠진 인류와 지구 생태계를 살리는 일이다. 인류의 삶이 전쟁과 폭력에서 상생과 공존의 비폭력으로 넘어가려면 이성과 영성의 깊은 자각이 요구된다. 이성과 영성의 깊은 자각과 비폭력 사랑의 실천을 위해서는 종교와 철학의 근본적인 쇄신이 필요하다.

오늘 세계평화의 문명사적 전환과 변화가 일어나는 중심은 아시아 태평양 지역이다. 태평양은 세계 각 대륙과 문명권이 만나는 가장 큰 바다이다. 동아시아 지역의 한·중·일 삼국에는 15억의 인구가 밀집해 있고 유불도의 깊은 종교문화를 가지면서도 서구문화를 받아들여서 정치 경제의 성장과 변화를 일으키고 있다. 가장 큰 대륙인 유라시아 대륙과 가장 큰 바다인 태평양이 만나는 지점에 한·중·일 삼국이 있으며 중국과 일본 사이에 한국이 있다. 동아시아는 오랜 세월 서로 다른 종교철

학들이 공존하는 평화의 깊은 영성을 간직해 왔고, 태평양太平
洋, Pacific Ocean은 말 그대로 세계를 품고 있는 큰 평화의 바다이
다. 아시아 태평양은 세계가 하나로 되는 큰 평화 바다 시대를
나타낸다.

한반도, 세계평화의 시대를 여는 자리

동아시아 가운데 한반도는 지난 100년 동안 전쟁과 폭력의
고통을 통절하게 겪으면서 평화를 갈망하고 평화의 정신을 익
혀 왔다. 군사독재와 맞서 싸웠던 재야운동권과 정치권의 주류
가 비폭력 평화의 기조를 지켜 온 것은 의미 깊은 일이다. 조선
왕조가 망하고 일제의 식민지가 되고 남북이 분단되어 전쟁을
치르고 군사독재 아래서 고통을 겪으면서 한국 사회가 민주화
와 산업화를 이룬 것도 평화 정신이 뒷받침되었기 때문이라고
생각한다.

나라를 잃고 나라 없이 살아온 경험에서 세계평화의 꿈이
싹트고, 남북분단과 전쟁, 군사독재와 폭력을 이겨낸 경험에서
상생평화의 힘과 지혜가 닦여져 나올 수 있다. 또한 남북전쟁
때 수많은 사람들의 피가 이 땅에 뿌려졌다. 유엔군으로 참여
한 세계 각국의 젊은이들의 피도 이 땅에 뿌려졌다. 이들의 희
생과 피가 평화를 일구는 씨앗이 될 수 있다.

제국주의 전쟁과 식민지 백성의 고통을 겪고 민족전쟁과 군사독재의 고난을 겪은 한반도에서 세계평화의 길이 열릴 수 있다. 지난 150년 동안 한반도는 세계사의 모순과 갈등, 고난과 시련을 압축적으로 경험하였다. 인류가 세계평화의 시대로 넘어가기 위해서 풀어야 할 세계사의 과제가 압축적으로 예리하게 한반도에서 제시되었다. 미국과 러시아, 중국과 일본의 정치경제적 대립과 충돌이 한반도에서 이루어졌다. 그 결과 한국은 나라가 망하고 식민지가 되고 남북이 분단되고 전쟁을 치르고 군사독재의 억압을 받았다. 이제 한국이 지역 갈등과 남북 분단을 극복하고 정의롭고 평화로운 나라를 세운다면 아시아와 세계의 평화 시대를 열 수 있다. 한반도의 평화는 아시아와 세계의 평화와 직결된다.

한국의 평화정신과 통합적 종교문화

한국은 종교문화적으로도 평화세상을 열 수 있는 준비가 되어 있다. 한국은 다른 종교들을 받아들여 깊고 풍성한 종교문화를 꽃피운 오랜 전통을 가지고 있다. 이런 전통은 한민족의 평화롭고 개방적인 심성과 자세를 확인시켜 준다. 한민족은 고유한 종교문화를 바탕으로 유교와 불교와 도교를 받아들여 2천 년 동안 우리의 종교문화로 동화시키고 체화하였다. 유교와 불교와 도교는 우리의 삶과 문화 속에 녹아들어 우리의 종교문화가 되었다. 유교는 더불어 사는 사랑의 덕을 가르치고 불교는 자기 비움의 정신을 가르치고 도교는 자연과 더불어 상생하는 평화의 정신을 가르쳤다. 여기에 200년쯤 전에 서구의 기독교를 깊이 받아들였다. 기독교는 인간의 죄악을 참회하고 사회와 역사의 낡은 전통을 깨트리는 예언자 정신을 가르쳤다. 통합적이고 개방적인 한국의 고유한 종교문화, 유교, 불교, 도교의 종교문화, 서구 기독교의 종교문화가 한국 사회에서 통합되었다. 한국의 종교문화는 유교, 불교, 도교를 받아들여 체화함으로써 아시아의 종교문화로 지평이 확대되고, 서구 기독교를 받아들임으로써 동아시아의 지평을 넘어서 세계종교문화의 지평으로 확대되었다.

한반도에 전통 종교인 무교, 유교, 불교, 도교 그리고 기독교가 각자 힘 있게 살아 있다. 이처럼 여러 종교들이 한 사회 안에 공존한다는 것은 세계 어디서도 찾아보기 어려운 일이다. 그리고 이런 종교들이 큰 갈등 없이 공존한다는 것도 큰 의미를 지닌다. 기독교와 불교 사이에 갈등이 없지 않지만 종교 전쟁까지 벌이지는 않고 있다. 이 점에서 한국의 다종교 사회는 종교들 사이의 적대감과 대립을 극복하고 평화 공존의 길을 열 수 있는 가능성과 잠재력을 보여 주고 있다.

한민족은 다른 종교문화를 받아들여 동화시키는 개방적이고 평화로운 전통을 지니고 있다. 낯선 타자와 하나로 되는 오랜 역사의 경험에서 서로 다른 국가와 민족들이 하나의 평화세계를 이루는 힘과 지혜가 나올 수 있다. 한국의 종교들이 평화 공존을 넘어서 서로 배움과 하나 됨을 통해서 깊고 풍부한 종교 영성과 깨달음의 세계에 이른다면 세계평화의 영성적 토대를 제공할 수 있다.

한민족의 건국신화에는 정복 전쟁이 나오지 않는다. 다른 민족들의 건국신화에는 살벌하고 잔혹한 정복 전쟁이 나오는 것과 대조를 이룬다. 하늘에서 내려와 나라를 세웠다거나 햇빛이 알에 비쳐서 건국의 시조가 태어났다고 한다. "널리 사람을 이롭게 한다"弘益人間거나 "이치와 법도로 세상을 다스린다"濟世理化는 건국이념도 매우 평화적이고 영성적이다. 또한 한국의 문화에는 자연친화적이고 공동체적인 정신과 태도가 녹아 있다. 건축과 도자기, 음악과 미술에도 자연과 어우러지는 자연친화적인 정신과 태도가 배어 있다. 자연친화적이고 공동체적인 정신과 태도는 타자를 존중하고 타자와 더불어 사는 평화의 정신과 태도이다. 평화적인 이념과 영성을 가지고 오랜 세월 낯선 종교문화를 깊이 받아들여 동화시키는 전통을 가지면서 오랜 세월 이민족의 침략과 억압으로 고통을 당한 한민족에게서 인류를 평화의 세계로 이끌 평화의 정신과 철학이 닦여져 나올 것으로 기대된다.

씨올의 삶에서 싹트는 세계평화

씨올은 하나의 작은 개체이면서 전체 생명을 속에 품고 있다. 씨올이 드러내는 스스로 하는 '주체의 자유'와 모든 것을 아우르는 '전체의 하나 됨'은 평화를 실현하는 두 원리다. 주체의 자유와 전체의 하나 됨은 생명의 원리일 뿐 아니라 평화의 원리다. 내가 나대로 자유로우면서 서로 다른 이들과 하나로 어우러져 사는 것이 평화다. 평화의 내용은 자유와 평등, 정의와 사랑이다. 바꾸어 말하면 주체와 전체의 일치가 평화다.

평화는 씨올에게서 움튼다. 씨올의 정신, 얼에서 평화가 시작된다. 스스로 하는 씨올의 꿈틀거림, 숨 쉬고 밥 먹고 생각하고 말하고 행동하는 데서 평화의 싹이 튼다. 숨을 깊이 편하게 쉬고 밥을 알맞게 먹고 옷을 검소하게 입고 소비생활을 소박하게 하면 평화는 저절로 온다. 욕심이 사나우면 숨을 깊이 편하게 쉴 수 없고, 숨이 깊고 편하지 않으면 다툼을 피할 수 없다. 욕심과 사치에서 벗어나 씨올이 씨올로서 생명활동을 할 때 씨올이 제 구실을 제대로 할 때 평화는 저절로 시작된다.

또 씨올에게서 평화가 움튼다는 것은 전체의 자리에서 평화가 시작된다는 것을 뜻한다. 씨올은 전체 생명을 품은 존재다. 씨올의 정신과 얼은 전체의 정신과 얼이다. 씨올의 정신과 얼은 전체와 맞물려 있다. 씨올의 평화는 전체의 자리에서 전체가 변하고 새로워지는 데서 시작된다.

씨올사상은 주체와 전체의 일치를 말한다. 평화와 통일은 주체와 전체의 일치에서 실현된다. 씨올사상에서 주체와 전체의 관계는 고정되어 있지 않고 시대와 상황에 따라 수준과 차원에 따라 바뀐다. 주체와 전체는 상충하거나 대립하는 게 아니라 상생하는 역동의 관계다. 주체가 깊어질수록 전체가 온전히 드러나고 전체가 온전히 드러날수록 주체가 깊고 높게 실현된다. 세계가 바뀌면 국가가 바뀌고 국가가 바뀌면 사람의 삶과 정신이 바뀐다. 거꾸로 사람의 삶과 정신이 바뀌면 국가가 바뀌고 국가가 바뀌면 세계가 바뀐다. 국가의 경계와 벽을 허물고 세계를 하나로 만드는 새로운 평화 시대의 바람이 사람의 마음속에 불고 있다. 새 시대를 갈망하는 씨올들의 삶 속에서 큰 평화 바다의 바람이 불고 세계평화가 싹튼다.

민족과 국가의 자기 부정

민족국가는 세계평화연방의 관점에서 보면 개별적 주체다. 세계평화연방은 전체다. 개인주의를 극복한다고 해서 개인의 존재와 가치를 부정하지 않고 가족주의를 벗어난다고 해서 가족의 존재와 가치가 훼손되는 것은 아니다. 이와 마찬가지로 민족국가주의를 넘어서서 세계평화연방을 이룬다고 해서 민족과 나라의 존재와 가치가 소멸되는 것은 아니다. 제국주의, 대국주의는 극복되어야 하지만 나라와 민족이 지닌 고유한 문화와 정신은 살려서 피어나게 해야 한다. 참된 공동체에서 개인의 개성과 자질이 구현되듯이 세계평화정부 안에서 각 나라와 민족의 정신과 문화가 꽃피고 열매를 맺어야 한다.

　개인이 사회 공동체를 위해서 자기를 부정하고 희생과 양보를 하듯이, 세계평화시대로 가려면 민족과 국가도 자기를 부정하고 희생과 양보를 할 수 있어야 한다. 민족과 국가가 자기를 부정하고 희생과 양보의 윤리를 실행할 수 있을 때 세계평화를 향해 나갈 수 있다. 만일 민족과 국가가 서로 희생과 양보를 거부하고 다른 국가들에게 희생과 양보를 강요하려 한다면 국가와 민족들 사이의 갈등과 대립에서 벗어날 수 없다.

　민족과 국가가 양보하거나 희생한다는 것은 그동안 상상조차 어려운 일이었다. 그리고 어느 민족이나 국가가 다른 민족이나 국가에게 희생과 양보를 요구할 수는 없다. 국가와 민족의 희생과 양보, 자기부정은 자유와 평등, 정의와 사랑이 기준이 되어야 한다. 불의한 폭력을 행사하는 강대국들과 작고 약한 나라들 사이에 정의와 평등의 관계와 질서를 회복해야 한다. 더 나아가서 강대국들은 작고 약한 나라들을 위해 자신의 기득권과 지위, 부와 권력을 희생하고 양보해야 한다. 서로 살림과 공존의 평화 원칙에 따라서 작고 약한 나라와 민족들이 자유롭고 풍성한 삶을 살도록 강대국들이 양보하고 희생할 각오를 해야 한다.

민주정부의 수립과 지역분쟁의 해결

오늘날 국가민족들 사이에 일어나는 모든 지역분쟁은 현 상태에서 논쟁과 다툼을 중단해야 한다. 다만 제국주의적인 침략과 정복으로 주권을 빼앗긴 약한 민족들이 억압에서 벗어나 자유롭고 주체적인 나라를 되찾을 수 있도록 국제사회가 협력해야 한다. 자유와 평등, 정의와 평화가 실현되는 방향으로 종교와 지역의 분쟁은 해결되어야 한다. 강대국의 폭력에 의해서 조성된 지역분쟁은 국제사회의 협력으로 정의를 실현하는 방향으로 신속히 해결되어야 한다. 단순히 민족들 사이의 종교와 지역 분쟁일 경우에는 현재의 상태에서 국가적인 다툼을 중단하고 그 지역과 문제를 국제사회나 세계평화정부에게 귀속시켜 세계정부의 차원에서 해결할 수 있도록 해야 한다.

합리적이고 공정한 국제기구가 형성될 때까지 지역분쟁은 현 상태를 존중하고 작고 약한 나라의 주권과 이익을 보호하는 방향으로 해결의 실마리를 찾아가야 한다. 민족국가들이 상생평화와 공존의 관계와 원리를 실현하는 방향으로 나가야 한다. 이렇게 되기 위해서는 정치사회의 민주화가 먼저 이루어져야 한다. 불의한 질서와 권력에 기초해서 기득권을 누리는 지배 엘리트가 지배하는 국가와 민족들은 결코 국가가 독점한 폭력을 포기하지 않을 것이기 때문이다. 불의한 폭력이 지배하는 국가민족들은 다른 국가민족들에 대해서 불의한 폭력을 행사함으로써 불의한 지배권과 이익을 추구하기 때문에 정의와 평화의 길로 나아갈 수 없다. 불의한 지배와 독점을 깨트리고 자유와 평등, 정의와 평화를 추구하는 민주정부만이 국제사회에서 상생평화의 길을 추구할 수 있다. 따라서 씨올들이 나라의 실질적인 주체로서 주권을 행사할 수 있을 때 민족국가의 장벽을 넘어서 세계평화의 길로 나아갈 수 있다. 씨올이 주권을 행사한다는 것은 비폭력의 정신이 정치경제사회를 이끌어 간다는 것을 뜻한다. 생명을 널리 사랑하고 이치로 세상을 다스리는 비폭력의 정신이 나라를 이끌 때 나라들 사이에서 세계평화가 이루어질 수 있다.

한반도의 평화는 세계평화로부터

함석헌은 한반도의 통일과 평화는 세계평화의 물결이 태평양을 건너 한반도에 밀려올 때 가능하다고 말했다. 세계 씨올들의 평화운동이 고조될 때 미국·중국·러시아·일본 사이에 한반도의 통일과 평화에 대한 동의와 협력이 이루어지고, 한반도의 평화통일이 구체적으로 논의되고 추진될 것이다. 이것은 한반도의 평화통일이 외세에 의해 결정된다는 것은 아니다. 한반도의 안과 밖에서 평화통일을 위한 조건과 분위기가 무르익어야 한다는 것이다. 마치 병아리가 알을 깨고 나올 때 안에서 병아리가 쪼고 밖에서 어미 닭이 쪼아서 알 껍질을 깨고 나오듯이, 안과 밖의 조건과 역량이 함께 성숙할 때 비로소 한반도에 분단의 질곡을 깨트리고 평화 통일에 이르는 길이 시원하게 열릴 것이다.

따라서 한반도의 평화통일은 동아시아와 세계의 평화와 맞물려 있다. 동아시아와 세계의 차원에서 평화의 분위기가 무르익고 평화의 물결이 일어날 때 한반도에서도 평화통일에 이를 수 있다. 동아시아의 국가들 사이에 서로 대립과 갈등의 골이 깊어지는데 한반도에서만 평화통일의 분위기가 고조될 수 없다. 한·중·일 사이에, 미국과 중국과 러시아 사이에 평화의 분위기가 고조될 때 한반도도 평화통일의 길로 나갈 수 있다. 따라서 한반도의 평화통일운동은 세계평화운동과 함께 이루어져야 한다.

한반도의 평화통일운동은 동아시아 연방과 세계평화정부로 이어져 가야 한다. 동아시아와 세계평화의 관점에서 한반도의 평화와 통일을 보아야 한다. 민족과 국가의 장벽을 넘어서서 동아시아와 세계평화의 길을 모색할 때 오히려 한반도의 평화통일이 다가올 수 있다. 한반도의 평화통일은 역설적으로 민족과 국가의 장벽을 넘어서서 동아시아 연방과 세계평화정부를 지향할 때 이루어질 수 있다. 민족국가주의에 매달려 있는 한, 한반도의 평화통일은 이루어지기 어렵다. 북한은 북한대로 국가주의에 사로잡히고 남한은 남한대로 국가주의에 붙잡혀 있으면 평화통일의 길은 막히고 만다. 중국과 미국, 일본과 러시아가 각기 민족국가주의를 추구하고 대국주의, 제국주의를 추구하면 한반도의 평화통일은 갈수록 멀어지게 된다.

오늘의 시대는 국가주의의 벽을 넘어 세계의 씨울들이 세계평화의 길을 열어 갈 때다. 세계평화를 향한 씨울들의 소리가 큰 함성으로 모아지고 세계평화를 향한 씨울들의 꿈틀거림이 하나의 큰 물길을 열어 갈 때 세계평화는 이미 이루어지고 있는 것이다. 씨울의 삶에서 나온 제소리 속에, 씨울의 진솔한 꿈틀거림 속에 세계평화는 싹트고 있다.

7장

씨올과 세계 통일

　　세계통일은 몸과 맘의 통일에서 시작된다. 씨올사상은 몸, 맘, 얼의 통일을 추구하는 사상이다. 유영모에 따르면 생각은 생명의 자각生覺이면서 이성의 추리이고 신과 통하는 것神通이다. 함석헌은 "생각은 나를 낚는 낚시"라고 함으로써 생각이 늘 새롭게 나를 발견하고 붙잡는 행위라고 함으로써 생각이 나를 살리는 주체적 행위임을 말하였다. 그는 또한 땀 흘려 노동하는 머리에서 참된 생각이 솟아난다고 함으로써 몸과 일과 생각의 통일성을 말했고 개체만이 아니라 전체가 생각의 주체라고 함으로써 생각의 공동체성을 말했다.

　　생각은 몸·맘·얼을 하나로 뚫는 행위다. 몸의 생명과 맘의 생각과 얼의 신이 하나로 뚫려 있을 때 세계통일은 이루어진다.

하나 됨은 세계사의 등허리 뼈다

씨올사상은 생명에서 시작한다. 한 몸을 이룬 생명체는 서로 다른 기관과 지체들이 통일되어 있다. 만일 몸과 머리, 다리와 발이 통일성을 잃고 분리되어 있다면 살아 있는 것이 아니다. 함석헌에 따르면 인류 역사는 전체의 범위가 확대되어 온것이다. 처음에는 가족이 전체였고, 다음에는 씨족이 전체였고, 부족이 전체였고, 민족과 국가가 전체였다. 이제는 민족과 국가를 넘어서 인류 세계가 전체 하나로 되고 있다. 역사는 하나 됨을 향해 나아갔다. 하나 됨이 역사의 목적이고 역사를 이끄는 동력이었다. 따라서 함석헌은 하나 됨이 '세계사의 등허리 뼈'라고 했다.[1]

더 나아가 함석헌은 모든 민족, 문화, 종교, 역사는 하나 됨을 향해 나가고 있다고 하였다. 함석헌은 하나 됨을 한민족의 '한'과 연결 지었다. '한'은 '하나이면서 큰 것'을 나타낸다. 하나－이면서 크면大, 하늘天이다. 하나 됨을 나타내는 '한'은 '큰 하나'를 뜻한다. '큰 하나'는 하늘, 하나님을 나타낸다. '큰 하나'의 정신이 한겨레의 '한'에 담겨 있다. '한'은 한겨레의 정신과 꿈을 나타낸다. 온갖 고통과 시련 속에서 '한'을 지켜온 한겨레는 인류 역사의 하나 됨을 이룰 자격과 사명을 품고 있다.

'한'은 한겨레만의 정신과 성향이 아니라 사람이면 누구나 지닌 성신과 생명의 원리와 꿈이다. 사람의 인격과 양심은 하나의 초점을 가질 때 힘 있게 살아 있다. 초점이 흐리거나 분열되어 있으면 정신질환에 걸리거나 미친다. 마음과 정신이 하나로 통일될 때 힘이 솟고 큰 얼의 사람이 된다. 초점이 맞으면 불이 붙듯이 사람의 마음과 정신도 초점이 일치하면 얼 생명이 불타게 된다.

사람과 사람의 관계도 마찬가지다. 역경易經에 이르기를 "두 사람이 한마음이 되면 그 날카로움이 쇠를 끊고, 한마음에서 나온 말은 그 냄새가 난초와 같다"二人同心 其利斷金 同心之言 其臭如蘭 하였다. 원자 알갱이가 서로 하나 되면 큰 힘을 내듯 사람과 사람이 하나로 되면 역사를 새롭게 하고 세상을 변화시키는 힘이 나온다. 종교에서 거룩한 영과 기와 신을 받았다는 것도 몸과 맘과 얼이 하나로 통일된 것을 나타낸다. 예수가 십자가에 달려 죽고 제자들이 두려움에 떨고 있다가 성령을 받고 복음을 전하기 시작했다. 두려움에 떨던 120명의 제자들이 성령을 받고 한 몸 공동체가 되어 복음을 전하기 시작한 것이 기독교가 탄생한 시점이다. 성령은 하나 되게 하는 힘이다. 하나가 되면 세상과 역사를 움직이고 새롭게 할 수 있다.

거짓 통일과 참된 통일

역사와 사회, 생명과 정신, 마음과 얼은 하나 됨을 추구하

137

며 전체의 하나 됨에서 실현되고 완성되며, 보람과 기쁨을 얻을 수 있다. 하나 됨은 생명과 정신의 본성이며 목적이다. 다석 유영모의 사상은 귀일歸一 사상이다. 하나로 돌아가는 것이 인생과 역사의 목적이고 사명이다. 다석은 하나 됨統一과 하나로 돌아감歸一을 구분했다. 하나 됨은 신의 일이고 하나로 돌아감은 사람의 일이다. 사람이 하나로 돌아갈 때 신이 하나로 되게 한다.

스스로 하는 주체를 지닌 인간의 삶은 다를 수밖에 없고 다양하고 복잡하기 마련이다. 인간의 생각과 감정과 뜻은 같을 수 없다. 인간의 문화와 전통과 종교도 서로 다를 수밖에 없다. 개인이나 집단의 생존의지와 욕망은 땅의 평면에서는 충돌할 수밖에 없다. 물질적 욕망과 생존경쟁은 서로 갈등을 일으킨다. 땅에서 인간이 다른 인간을 통일한다는 것은 지배하고 정복한다는 것과 같다. 이런 통일은 나의 생각과 주장을 남에게 강요하는 것이다. 이제까지의 인류역사는 야심을 가진 영웅, 군왕들이 세계통일을 추구한 역사다. 이러한 세계통일의 역사는 지배와 정복의 역사다. 나와 우리의 권익과 자유를 확장하기 위해 남의 권익을 침해하고 남의 자유를 억압한 역사다.

남을 억압하고 통제하는 지배와 정복의 통일은 '하나 됨'을 부정하고 깨뜨리는 요소를 자체 안에 가지고 있다. 개인과 집단의 탐욕과 야심에 근거한 통일은 이미 '하나 됨'을 부정하고 거부하는 반통일적 요소를 지니고 있다. 탐욕과 야심 자체가 반통일적인 것이다. 남을 억압하고 희생시키는 것 자체가 하나 됨을 부정하고 거부하는 것이다. 따라서 세계통일을 지향하는 모든 제국주의는 자멸의 씨앗을 품고 있다.

참된 통일은 서로 주체를 살리고 세우고 높이는 통일이다. 서로의 생각과 뜻이 실현되고 서로의 삶이 자유롭고 풍성해지는 통일이 참된 통일이다. 서로 주체를 살리고 키우는 통일이 정의와 평화의 통일이다. 이런 통일은 땅의 평면에서가 아니라 삶과 정신의 깊이와 높이에서 이루어진다. 다석이 말한 귀일은 땅의 평면에서 하늘의 입체로 들어가는 것이다. 얼과 정신의 깊이와 중심이 열리는 것이다. 그것은 땅의 평면에서 서로 다른 것 사이에 '하나 됨'의 문을 여는 것이다. '하나'로 돌아가는 것은 서로 주체를 살리고 높이는 통일에 이르는 길이다. 모든 사람이 각자 '하나'(하나님)로 돌아가는 것은 각자의 '나'를 세우고 높이는 것이다. 그것은 서로의 '나'를 세우고 높인다. 각자 '나'를 비우고 '하나'로 돌아감으로써 내 속에 '하나'를 모심으로써 서로 다른 모든 사람들의 '나'가 살아나 '하나'로 되는 일이 일어난다. 그것이 참된 통일이다. 내 속에서 하나에 이르고 하나를 세우고 높임으로써 모든 사람의 '나'를 세우고 높일 수 있다. 이렇게 함으로써 서로 주체가 되고 서로 살리고 높이는 통일을 이룰 수 있다.

유영모의 귀일은 비폭력 평화의 방식으로 통일에 이르는 것이다. 그것은 생명의 본성과 인간의 개성을 존중하고 살리는 길이다. 생명의 본성이 깊어지고 개성과 자유가 발달할수록 전체

하나로 통합된다. 다석의 귀일사상은 그의 생명철학과 얼 사상
에서 나온 것이다. 그의 생명철학과 얼 사상은 주체의 깊이와
전체의 하나를 나타내는 하늘에 초점을 두고 있다. 하늘은 한
없이 깊으면서 전체가 하나로 뚫려 있다.

동서사상의 통합

씨올사상에는 한국과 동양의 유기체적·전일적 공동체 의식,
민주와 이성(과학)의 서구 근대철학, 죄와 악의 현실에 대한 깊
은 성찰을 가진 기독교 신앙이 종합되어 있다. 유교와 도교의
길道, 불교의 빔空, 기독교의 말씀, 그리스와 서구근대철학의 생
각(로고스), 한국의 한(큰 하나)이 씨올사상에 녹아 있다.

다석은 평생 동서 정신문화의 융합을 추구했다. 다석은 이
러한 구도자적 탐구를 "동양문명의 뼛속에 서양문명의 골수를
넣는다" 하였다. 동양문화와 서양문화 가운데 어느 것이 주가
되고 종이 되는 게 아니라 서로 주체가 되어서 만나는 것이다.
동양의 정신문화와 서양의 정신문화가 살아 있는 주체로서 한
통을 치고 합류하는 것이다. 다석은 기독교의 관점에서 동양종
교문화를 받아들이고 해석한 것이 아니다. 또 동양종교문화의
관점에서 기독교를 받아들이고 해석한 것도 아니다. 자신의 편
견과 녹단을 버림으로써 두 정신문화가 주체로서 한통치며 만

나서 합류하게 한 것이다. 이런 경지에서 다석은 동양사람이 서양경전을 더 잘 알 수 있고 서양사람이 동양경전을 더 잘 알 수 있다고 하였다. 서양경전만을 알고 서양경전을 읽는 사람보다 동양경전을 알고 서양경전을 읽는 사람이 더 깊고 넓게 이해할 수 있다. 거꾸로 동양경전만 알고 동양경전을 읽는 사람보다 서양경전을 알고 동양경전을 읽는 사람이 더 깊고 넓게 이해할 수 있다.

세계를 고르게 하려면 먼저 몸을 닦고修身, 집안을 가지런히 하고齊家, 나라를 바로 다스려야治國 한다修身齊家治國平天下, 《大學》. 이 글귀를 씨올사상의 관점에서 다시 새겨 보자.

수신修身, 하늘 바람으로 얼굴을 닦고 씻기

세상이 평안하려면 먼저 몸을 닦아야 한다. 몸이 가지런하고 평안해야 세상이 평안하다. 몸을 닦는다는 것은 마음을 닦는다는 말이다. 몸을 움직이고 이끄는 것은 마음이기 때문이다. 몸의 행동거지와 자세는 마음가짐의 표현이다. 마음을 닦는다는 것은 말과 생각을 고르고 닦고 씻는 것이다. 마음은 말과 생각의 자리이고 말과 생각으로 움직이고 채워지기 때문이다.

알맞은 말과 생각을 고르고, 거칠고 모난 말과 생각을 닦고 다듬으며, 욕심과 사나운 감정과 편견으로 더럽혀진 말과 생각을 씻어 새롭게 하는 일이 몸과 맘을 닦는 것이다. 욕심과 사나운 감정과 편견으로 몸과 맘과 얼이 뒤얽히고 더러워진다. 말과 생각을 고르고 닦고 씻으면 몸과 맘과 얼이 곧고 가지런해져서 잘 통하여 건강하고 편안해진다. 사람마다 몸과 맘과 얼이 편하면 세상도 편안하다.

몸을 닦는 것은 내 얼굴을 하늘 바람과 말씀과 생각으로 씻고 닦는 것이다. 생각으로 얼굴을 닦고 씻어서 삶의 찌꺼기는 닦아 버리고 더러움은 씻어 버려서 삶의 알맹이만 얼굴에 드러나게 한다. "씻어난 이는 성인이고 닦아난 이는 현인이다"(다석).

몸을 닦는 것은 숨을 잘 쉬어 숨이 잘 통하게 하고 밥을 알맞게 먹어 입과 위장과 항문이 잘 뚫리고 통하게 하는 것이며, 숨이 잘 통하고 소화·흡수·배설이 잘 되어 온몸에 피가 잘 통하고 돌아가게 하는 것이다. 숨이 잘 통하고 피가 잘 돌려면 몸과 맘이 곧아야 한다. 몸과 맘이 곧을 때 숨이 깊고 편하게 쉬어지고 오장육부가 잘 통하고 피가 잘 돌아간다.

몸으로 하늘을 숨 쉬고, 맘으로 몸의 중심과 통하는 것이 몸과 맘을 닦는 것이다. 흙으로 된 몸으로 하늘의 원기를 마시는 것은 천지인 합일을 이루는 것이다. 흙으로 된 몸이 하늘과 땅을 빚어 만든 밥을 먹고 흡수·동화시키는 것도 천지인 합일을 이루는 것이다. 몸과 맘을 닦는 것은 몸과 맘을 곧게 하는 것이고 몸과 맘을 곧게 하는 것은 하늘과 땅과 사람을 하나로 만드는 일이다.

몸과 맘은 하늘을 향해 바로 서서 솟아오를 때 곧아진다. 하늘의 허공 빈탕한데서만 몸과 맘이 곧게 된다. 땅의 물질세계에서는 곧을 수 없다. 하늘의 빈탕한데서만 구부러짐 없이 곧을 수 있다. 하늘의 허공을 품은 사람의 몸과 맘은 곧다. 곧은 사람은 너는 너대로 나는 나대로 자유롭다.

하늘을 품는다는 것은 하늘의 원기를 숨 쉬는 것이고 하늘의 빔과 없음에 머무는 것이고 하늘의 하나(전체)로 돌아가는 것이다. 빔과 없음의 하나를 품고 하나로 돌아가는 이만이, 곧고 곧은 사람만이 '하나'인 하늘로 들어간다. 몸을 가지고 하늘로 들어가는 것이 하늘과 땅과 사람을 하나로 만드는 일이다. 하늘과 땅과 사람이 하나면 나와 남이 따로 없다.

숨은 목으로 쉬는 목숨, 말씀과 생각으로 쉬는 말 숨, 하늘 위에서 얼로 쉬는 우 숨(얼 숨)이 있다. 우 숨은 영원한 생명의 기쁨을 담고 있다. 몸이 곧으면 숨이 깊고 편하다. 숨이 깊고 편하면 몸이 성하다. 몸이 성하면 맘이 놓이고 맘이 놓이면 생각이 잘 난다. 생각이 잘 나면 얼 생명의 기쁨과 보람을 누릴 수 있다. 몸이 성하고 맘이 놓이고 얼(하늘의 뜻)이 솟아오른다.

몸으로 하늘 기운을 숨 쉬면 몸과 맘이 곧고 바르게 된다. 숨에는 하늘의 원기, 영원한 생명에 대한 염원과 그리움이 담겨 있다. 숨은 영원 무한한 생명에 대한 그리움을 지닌 것이다. 숨은 하늘 생명에 대한 그리움과 전체 하나의 생명에 대한 염원을 품고 있다. 숨 쉬고 밥 먹는 것은 타자와 하나 되려는 것이고

'늘 삶'에 이르려는 것이다. 한 생명의 님, 하나님에 대한 그리움과 열망이 숨과 밥에 담겨 있다. 몸과 맘을 닦는 것은 하늘허공에서 곧게 되자는 것이고 곧음으로써 하늘 전체 생명, 하나의 원만한 세계로 들어가자는 것이다. 몸과 맘을 닦는 것은 숨을 바로 쉬고 밥을 알맞게 먹는 것이다. 숨을 바로 쉬고 밥을 알맞게 먹는 것은 몸과 맘을 곧게 하여 전체 하나인 하늘, 빈탕한데의 하늘로 들어가자는 것이다. 하늘의 빈탕한데로 들어가면 거기가 영원한 하늘나라이다.

가정을 가지런하게齊家: 결혼과 가족

몸과 맘을 닦아서 숨을 깊게 쉬고 생각과 말을 가려서 하는 것만으로는 하늘의 하나 됨에 이를 수 없고, 영원한 생명을 얻을 수 없다. 생명은 저마다 스스로 자유로운 것이고 저마다 스스로 자유롭기 때문에 모든 생명체마다 서로 다르다. 생명의 개성과 서로 다름을 지니고 하늘의 하나 됨에 이르려면 서로 다른 존재들이 만나서 서로 주체로서 하나 됨에 이르러야 한다. 서로 다른 주체가 영원한 생명의 하나 됨에 이르는 일은 매우 어렵다.

사람 가운데 남자와 여자처럼 서로 다른 게 없다. 왜 서로 다른 남녀가 생겼을까? 왜 서로 다른 남녀가 만나서 가족을 이루고 자녀를 낳을까? 서로 다른 주체가 영원한 공동체적 삶의 하나 됨에 이르기 위해서, 서로 다른 주체의 하나 됨을 익히고 단련하기 위해서 그러는 것이 아닐까?

생명진화의 길에서 암수의 구분이 생김으로써 서로 다른 유전자의 결합을 통해서 생명은 유전적으로 다양하고 풍부해 졌을 뿐 아니라 새로운 변화의 가능성이 크게 높아졌다. 서로 다른 암과 수가 하나로 결합함으로써 다양하고 풍부해져서 멸 종의 위기에서 벗어날 뿐 아니라 보다 새롭고 높은 생명진화의 길이 열렸다. 남자와 여자가 있기 때문에 인류는 다양하고 풍 부해졌고 새로운 진화의 가능성을 열어 놓았다.

자연조화인지 신의 섭리인지 남녀의 성 속에는 서로 하나 되려는 강력한 충동과 힘이 들어 있다. 서로 다른 주체가 하나 로 되는 것이 어렵기 때문에 남성과 여성 속에 서로를 그리워하 는 강력한 성적 충동과 에너지, 강한 끌림과 본능적 사랑이 들 어 있는 것으로 생각된다. 남성과 여성이 서로 다른 것은 온전 한 하나 됨의 사람이 되기 위한 것이다. 암과 수, 남과 여는 서 로 하나로 되려는 강한 열망과 충동을 지니고 있다.

남녀의 성性은 본능적 성적 사랑이면서 그 속에는 하늘의 얼 생명으로 하나 되는 온전한 사람이 되려는 하늘의 본성과 천성이 담겨 있다. 남자는 남자만으로 만족하지 못하고 여자 를 그리워하고 여자는 여자만으로 만족하지 못하고 남자를 그 리워한다. 남녀가 만나는 것은 남자는 남자를 초월하고 여자는 여자를 초월하여 온전한 '한 사람'이 되자는 것이다. 남성과 여성이 만나서 남성도 여성도 아닌 온전한 참 사람, 온전한 한 사람이 되라는 것이 하늘의 명령이고 남성과 여성의 본성과 사명이다. 예수도 땅에서는 남녀의 결혼을 하나님이 맺은 것이라 사람이 나눌 수 없다고 하면서도 하늘나라에는 남자도 여자도 없고 시집가고 장가가는 일도 없다고 했다.

　남녀의 본능적인 성性은 양면성을 지닌다. 그것은 사람의 영혼이 하늘로 솟아오르는 것을 가로막는 장애물이다. 그것은 사람의 영혼을 육체의 충동에서 헤어나지 못하게 묶는 사슬 같고 족쇄 같은 것이다. 그러나 남녀의 본능적인 성은 사람이 자기 자신 안에 안주하지 않고 무한한 생명을 향해 솟아오르도록 추동하는 강력한 힘을 가지고 있다. 그래서 다석은 인간의 탐욕과 분노와 어리석음이 짐승의 본성獸性이라고 비판하면서도 인간의 살림밑천이고 인간을 고동鼓動시켜 하늘로 올라가게 하는 것이라고 했다. 하늘의 본성天性, 사람다운 영성靈性이 남녀의 성적 본능 속에 숨겨 있다. 그러므로 성性, sexuality에는 영성 spirituality을 향한 그리움이 담겨 있다. 남녀의 뜨거운 사랑 속에는 온전한 한 사람이 되라는 하늘의 명령이 숨겨 있다.

　우리말에서 본래 얼은 성과 관련된 말이다. 얼은 남녀의 어룸性交을 뜻했다. 남녀가 어루는 일을 하면 어른이라고 했다. 그런데 우리가 오늘날 쓰는 말에서 얼은 영靈을 뜻한다. 남녀의 성과 사람의 영을 얼이라는 말로 함께 나타낸 것은 성과 영의 관계를 드러내는 것으로 여겨진다. 성 속에는 얼이 숨겨 있다. 자기를 넘어서 하나가 되려는 성적 열망 속에는 자기를 초월해서 전체 하나가 되려는 거룩한 열망이 숨겨 있다.

유영모는 아내나 남편은 서로에게 하나님이 주는 편지라고 했다. 남성과 여성은 서로에게 하늘의 뜻이 담긴 편지다. 그 편지는 사람들에게 주는 하나님의 사랑편지이고 어버이가 자식에 남긴 편지이다. 사람과 하나님이 연인처럼 서로 사랑하여 하나로 되라는 사랑편지이고, 못난 자식에게 어버이를 닮으라는 어버이가 남긴 편지다. 남자는 남자를 넘어서 여자는 여자를 넘어서 여자와 남자가 하나가 되어 온전한 하늘 사람, 한 사람, 그이가 되어야 한다. 그이는 나·너·그가 모두 인정하고 받아들이는 이, 그리스도/불성, 하나님과 하나로 되는 '하늘 사람', '한 사람'이다.

그러나 가정은 실패할 운명을 지고 있다. 남녀가 만나서 몸과 맘으로 아무리 하나가 되려고 해도 하나가 되지 못한다. 남녀의 사랑이 남녀의 사랑으로만 머물면, 반드시 실패하게 되어 있다. 남녀가 만나서 남자도 여자도 아닌 새 사람, 온전한 한 사람이 되려면 남녀가 서로를 넘어서 하나님께로 가야 한다. 하늘, 하나님을 만나지 못하는 남녀사랑, 가족사랑은 실패하도록 예정된 것이다. 남녀의 서로 다른 유전자가 만나서 결합은 하지만 남녀를 넘어서 '한 사람'이 되지 못하고 다시 남녀, 아들과 딸이 되고 만다. 그러나 남녀의 사랑, 가족의 사랑은 거듭된 실

패 속에서 참사람, 한 사람이 되려는 노력을 그치지 말라는 것
이다. 실패를 되풀이하면서 참사람이 되라는 것이다.

가정은 남녀를 넘어서 참된 한 사람을 낳는 산실이다. 참된
한 사람, 하늘의 사람 그이를 낳기 위해 가정은 되지 않을 것
같은 일을 시시포스처럼 되풀이하는 것이다. 되지 않을 것 같
은 일을 끊임없이 되풀이하면서 남자와 여자로서 사람은 사람
이 되는 것이고 생명과 사람의 본성과 사명을 배우고 익히는 것
이다. 결혼과 가족은 생명과 인간의 본성과 사명에 직결된 것이
므로 쉽게 갈라놓거나 깨트릴 수 없는 것이다.

결혼하여 가정을 이루는 한, 남편은 남편답고 아내는 아내
다워서 서로 필요하고 부족한 것을 채워야 할 것이다. 남자는
남자로서 여자는 여자로서 스스로 부족함을 깨달아 서로 고맙
게 여기고 존중할 수 있어야 한다. 남편은 아내의 심정과 처지
에서 생각하고 느끼고 판단하고 행동하며, 아내는 남편의 심정
과 처지에서 생각하고 느끼고 판단하고 행동하는 것을 배우고
익혀야 한다. 서로의 심정과 처지에서 생각하고 행동하는 것을
배우고 익힘으로써 사람은 사람으로 되어 간다. 가정은 서로 사
람을 만들고 사람이 되어 가는 도장이다. 서로를 닦고 썼고 깎
고 다듬고 넘어트리고 세워서 서로 사람이 되게 하고 사람으로
만든다.

남녀의 성적 사랑에는 남녀, 너나를 넘어서 둘을 하나로 통
합하여 무한한 궁극의 하나가 되려는 열망과 충동이 늘어 있

다. 유한한 인간이 남성과 여성의 물질적·본능적 생명 속에서 무한한 사랑을 갈구하는 것은 무리한 것이다. 그래서 사람의 성행위에는 엄청난 쾌락과 함께 깊은 슬픔과 좌절이 있다. 거기에는 아름답고 고상한 꿈과 열망이 들어 있기도 하고 잔혹한 폭력과 추한 욕망이 들어 있기도 하다. 남녀의 사랑에는 고상하고 아름다운 동기와 목적과 함께 폭력과 지배, 정복과 탐욕이 있다. 아름다운 꿈과 추한 욕망이 뒤섞인 가정을 하늘의 신령한 바람과 지성의 맑은 생각으로 씻고 닦아서 부부 사이, 부모 자녀 사이가 뒤엉키지 말고 가지런해져야 한다.

나라를 다스림治國

전체 하나에 이르려는 열망과 꿈, 세상과 우주를 하나로 되게 하려는 열망과 꿈은 남녀 사이의 가족만으로는 실현될 수 없다. 그러므로 가족을 넘어서 다른 가족들과 만나서 사회를 이룬다. 씨족사회, 부족사회를 넘어서 나라와 국가에 이른다.

나라는 자연스럽게 더불어 사는 무리들이 모여서 이룬 사회다. 국가는 권력과 부를 토대로 만들어 낸 정치적 지배체제와 질서다. 탐욕과 분노와 어리석음으로, 본능적 충동으로 휘둘리는 인간들을 국가는 군사력과 행정력을 가지고 법과 질서 속에 통합했다. 국가는 본능과 충동에 휘둘리는 미성숙한 인간들을 보호하고 가르치는 후견자였다. 전쟁과 폭력, 지배와 정복, 억압과 착취를 일삼는 국가는 미숙한 민중의 잔인한 보호자요 후견인이었다.

인류는 국가들 사이의 전쟁과 폭력 속에서 서로 죽이고 죽는, 억압하고 착취하는 불의와 부정 속에서 몸과 맘, 영혼과 인격을 단련하고 합리적이고 타당한 법과 질서와 제도, 이념과 사상을 닦아 왔다. 지배와 정복전쟁으로 이어진 지난 5천 년 국가주의의 역사는 잔혹하고 고통스러웠지만 인류의 정신과 양심을 닦아 세웠고 인류의 인격과 얼을 깨끗이 정화시켰으며, 민주 제도와 질서, 제도와 사상을 닦아 냈다.

본디 나라는 너도 나도 그도 서로 "나라!"고 나섬으로써 큰 나, 한 나를 이루자는 것이다. 인류의 목적은 한 나, 큰 나가 되는 데 있다. 물질주의와 당파주의에 매인 오늘의 국가는 인류의 하나(한 나) 됨을 가로막는 장벽이 되고 있다. 국가가 인류의 하나 됨을 가로막지 않고 도우려면 국가의 체제와 목적과 운영방식이 형식적으로만 아니라 내용적으로 민주화되어야 한다. 국민 위에 군림하는 국가는 역사의 낡은 유물이다. 예전에는 국가(왕, 관리, 독재자)가 민중의 보호자요 어버이였다면, 민주 시대에는 민이 국가의 주인이고 어버이다. 민주시대는 민중이 성숙한 주인 노릇을 하는 시대다. 오늘 민주 시대에 필요한 국가는 국민을 국가의 주인과 토대로 섬기고 받드는 기관으로서의 국가다. 국가가 민을 다스리는 게 아니라 민이 국가를 다스려야 한다. 국가의 주인인 민이 실질적 주체가 되어서 국가를 운영하고 움직일 때 국가는 세계의 평화와 하나 됨의 길을 열어 갈 수 있다. 인류가 하나로 되는 세계평화 시대에 국민을 주인으로 섬기는 민주국가만이 민과 함께 민을 앞세워 정의와 평화와 통일의 길로 갈 수 있다.

세계를 고르게 하기平天下

오늘의 씨울들은 더 이상 국가의 울타리 안에 갇혀 살 수 없다. 씨울들은 민족과 국가를 넘어서 서로 손잡고 인류 전체, 세계 전체를 중심으로 새 문명과 질서를 형성해야 한다. 몸을 닦는 일, 가정을 가지런히 하는 일, 나라를 다스리고 세계 전체를 고르게 하는 일은 동시에 함께 이루어져야 할 일들이다. 몸을 다 닦은 다음에 가정을 가지런하게 하려는 사람은 끝내 가정을 가지런하게 하지 못할 것이다. 또 가정을 가지런하게 한 다음에 나라를 다스리려는 사람도 나라를 다스리는 데 이르지 못할 것이다. 나라를 다스린 다음에 세계를 고르게 하겠다는 사람도 결국 세계를 고르게 하지 못할 것이다. 이 모든 일은 서로 얽혀 있고 겹쳐 있기 때문에 동시에 함께 이루어야 할 일들이다. 세계를 고르게 하는 일을 생각하지 않고는 몸을 닦을 수 없고, 가정을 가지런히 할 수 없고, 나라를 다스릴 수 없다. 세계화 시대를 사는 오늘의 인류에게 세계를 고르게 하는 일은 다른 모든 일의 목적과 동기가 되기 때문이다.

인류 세계를 고르게 하여 하나로 통하게 하려면 낡은 문명을 벗어나서 새 문명을 형성해야 한다. 경제가 성장하고 산업기술이 발달할수록 사회 양극화는 심화되고 일자리는 크게 줄고 공동체적 기반은 밑바닥부터 무너지고 있다. 가정은 해체되고 일자리가 없어서 젊은이는 결혼을 못하고 절망하며, 노인들은 혼자 살다 혼자 죽고 있다. 낡은 문명이 근본에서부터 무너지고 있다. 개인의 생활양식이 새로워져야 하고 가족의 새로운 형태와 구조가 나와야 하고 새로운 사회조직과 구조, 형태와 양식이 나와야 한다. 정치와 경제, 사회와 종교가 근본적으로 바뀌어야 한다. 생명친화적이고 영성적인 사회혁신이 이루어져야 한다. 그래서 아래로부터 새로운 일자리들이 획기적으로 창출되어야 한다. 공장에서 상품을 생산하는 사람들만이 존중받는 사회가 아니라 자연환경과 바닥공동체를 돌보고 살리는 사람들이 더욱 존중받는 사회가 되어야 한다. 드라마, 스포츠, 가수와 운동선수, 기업인들과 정치인들만이 대접받고 존중받는 사회가 아니라 생명을 돌보고 살리는 사람, 지성과 영성을 고양시키고 심화하는 사람들이 더욱 존중받는 사회가 되어야 한다. 바닥의 씨울들이 존중되고 주체로 참여하는 세상이 고른 세상이다. 더 나아가 자연생명과 우주만물도 존중되고 받아들여지는 세상이 고른 세상이다. 사람과 자연생명과 만물이 본성에 따라 실현되고 존중되는 세상이 씨올이 추구하는 고른 세상이다.

새 문명, 새 가족

세상을 고르게 하기 위해서는 물질적·상업적 이익만을 추구하는 문명에서 인간의 지성과 영성을 드러내고 공동체적 사귐과 상생을 실현하는 문명으로 문명의 근본적인 쇄신과 변화가 이루어져야 한다. 문명의 쇄신과 변화를 위해서는 문명에 대한 새로운 이해가 요구된다. 함석헌은 문명을 자연생명과 우주에 대한 인간의 사귐과 이해로 파악했다. 목축문명의 목적은 가축을 길러 고기를 얻자는 데 있지 않고 동물과 사귀어 동물을 아는 데 있다. 동물과 사귀고 동물을 앎으로써 사람은 자신을 더 잘 알게 된다. 농업문명의 목적은 단순히 낟알을 배불리 먹기 위해서가 아니라 식물과 사귀어 식물을 알고 식물의 생명활동을 이끄는 자연질서와 법칙을 익히고 배우는 것이다. 공업문명의 목적은 쇠붙이를 얻는 데 있지 않고 우주물질과 사귀고 우주물질의 신비와 성격을 알게 되는 것이다. 문명을 통해서 사람은 자신을 교육하고 단련시켜 성숙해지고 자신과 우주를 더 깊이 알게 된다.

인맥의 양극화와 가족의 해체는 인간의 삶을 원자화하며 혼자 살다 혼자 죽는 사회로 내몰고 있다. 오늘의 시대는 새 가족, 새 공동체를 요구한다. 가족 관계가 더 깊어질 뿐 아니라 가족의 울타리가 더 넓어져야 한다. 새 가족은 자연생명세계와 상생하고 공생하는 가족이어야 한다. 홀로 사는 사람에게는 반려동물이 가족이 아닐까? 반려동물을 포함한 새 가족관과 새 가족제도를 생각할 수 있다. 홀로 사는 노인과 중증 장애인을 돌보는 도우미와 사회복지사들도 새로운 가족으로 성숙되고 승화되어야 한다. 소년소녀 가장이나 생활이 어려운 가정의 자녀들을 지속적으로 돕고 관계하는 사람들도 관계와 사귐을 성숙시켜 넓은 의미의 새로운 가족으로 승화되어야 한다.

사회의 양극화가 갈수록 심화되고 일자리가 급격히 줄고 공동체가 바닥부터 무너지는 오늘의 문명사회는 근본적인 위기와 도전을 맞고 있다. 낮은 수준의 씨올생명사회 연대운동으로 시작해서 생태학적·영성적·공동체적 사회혁신운동으로 나가야 한다. 오늘 도시산업 중심의 문명사회는 근본적으로 재구성되고 재조직되어야 한다. 새 문명에 대한 심오하고 원대한 비전이 제시되고, 과감한 정치경제적 쇄신과 대안 마련이 이루어지고, 가족단위를 넘는 씨올생활공동체를 사회의 바닥에서부터 형성해 가야 한다.

8장

씨을과 섬김의 지도력

주체만이 주체를 깨우고 주체만이 주체를 섬긴다. 깨우고 섬기려면 먼저 주체가 되어야 한다. 또 남을 깨우고 섬기려면 남을 주체로 대할 수 있어야 한다. 나는 나이고 너는 너이면서 서로 다른 '나'로 만나고 섬길 수 있어야 한다.

사람이 욕심과 편견에 사로잡히면, 남을 주체로 보기도 어렵고 남을 위해서 남을 섬길 수도 없다. 사람의 눈에는 이미 욕심과 편견, 폭력적인 감정과 분노가 깊이 박혀 있다. 이런 눈에 비친 것은 무엇이든 일그러지고 왜곡된다. 그러므로 남을 바라보는 것 자체가 이미 폭력이다. 남을 있는 그대로 주체로 볼 수 없다.

주체인 내가 타자의 주체를 주체로 보고 주체로 섬기려면 먼저 내가 주체가 되어야 한다. 내가 나로 될 때 남을 주체로 섬길 수 있다. 내가 나가 되려면 안과 밖의 매임에서 자유로워야 한다. 매임 없는 '나'만이 남을 위해 남을 섬길 수 있다.

또 타자를 주체로 섬기기 위해서는 타자를 주체로 볼 수 있어야 한다. 타자를 주체로 보기 위해서는 나의 일방적인 관점과 생각에서 벗어나 타자의 심정과 처지에서 타자를 생각하고 이해해야 한다. 타자를 주체로 생각하는 것은 쉬운 일이 아니다. 서구의 이성(로고스) 철학에서는 인식 주체인 이성적 자아와 인식대상이 맞서 있다. 머릿속에서 관념과 논리가 지배하는 이성적 사유의 세계에서는 이성적 자아만이 주체로 남고 인식의 대상인 모든 타자는 대상화하고 사물화하며 결코 주체가 될 수 없다. 인식하는 주체인 이성 앞에서 자연과 인간을 포함한 모든 타자는 분석과 이해의 대상으로 머물 뿐이다.

주체인 내가 나에게서 벗어나 타자의 심정과 처지에서 이해하고 섬기려면 타자에 대한 이성적 분석과 지식을 넘어서야 한다. 대상에 대한 이성적 분석과 지식은 대상적이고 현상적인 지식일 뿐 아니라 부분적인 지식이다. 주체를 주체로서 보는 얼의 깊은 자리에서 그리고 모두를 있는 그대로 받아 주는 전체의 자리에서 나와 타자는 주체와 주체로 서로 사귐과 섬김에 이를 수 있다. 서로 사귐과 서로 섬김을 위해서는 깊은 영성과 전체 생명의 철학이 요구된다. 씨올철학은 내가 나로 되고 너를 너로, 주체로 보는 깊은 영성의 철학이고, 서로 주체로서 섬기고 사귀는 전체 생명의 철학이다.

역사의 업보와 씨올의 자유

주체인 '나'는 존재와 활동의 원인과 까닭을 자기 안에 가진 것이다. 그러므로 존재와 운동의 원인과 까닭을 밖에 가진 물건과는 다르다. 주체를 가진 사람이 경험하고 살아가는 물질과 사물의 세계는 원인과 결과의 인연, 인과응보의 업보가 성립한다. 물질과 사물의 세계를 벗어난 하늘의 세계, 얼과 신의 세계가 있다면 그 세계는 원인과 결과의 인연이 끊어지고 인과응보의 업보가 소멸된 세계일 것이다. 인과율은 물질세계의 과학적 철칙이고 인과응보는 세상살이의 법칙이다. 세상의 일에는 원인이 있고 결과가 있다. 이것이 있어서 저것이 있고 저것이 있어서 이것이 있다. 다른 것과 무관하게 저만 홀로 있는 것은 아무것도 없다. 나쁜 일을 하면 반드시 나쁜 결과가 오고 좋은 일을 하면 반드시 좋은 결과가 온다.

당장에 그 결과가 오지 않고 눈에 보이게 오지 않는다고 해서 그 결과가 오지 않는 것은 아니다. 그 결과를 행위자가 직접 받는 것도 아니다. 죄악과 불의는 역사와 사회의 빚이다. 저지르기는 누가 저질렀든지 반드시 갚는 사람이 있어야 한다. 역사와 사회는 하나의 유기적 생명체처럼, '한 몸'처럼 이어져 있기 때문이다. 역사의 과거와 현재와 미래는 산 인격체처럼 이어져 있으며, 사회의 구성원들은 유기적 생명체처럼 연결되어 있다. 씨올사상은 인간뿐 아니라 사회와 역사도 유기적 생명체나 산 인격체로 보는 생명철학이다.

주체인 '나'와 인과응보가 지배하는 세계는 서로 모순되는 것 같다. 자유로운 '내'가 인과관계가 지배하는 세계에서 어떻게 나답게 자유롭게 살 수 있는가? 어떻게 인과응보의 세계에서 나와 너의 서로 주체성과 생명의 전체성을 실현할 수 있는가? 과학적 인과법칙이나 도덕적 인과응보나 율법으로 인간 행위와 사회 행태의 인과관계를 보면 개인적 결정론에 빠진다. 죄악이나 공덕을 행한 개인에게 그 결과가 돌아가고 개인과 사회의 미래는 과거의 행위와 일로 결정된다. 과거는 돌이킬 수 없고 죄악은 씻을 수 없다. 운명은 과거에 의해 결정된 것이다.

그러나 생명과 정신의 관점에서, 주체와 전체의 자리에서 보면 개인적·숙명적 결정론에서 벗어날 수 있다. 물질적 인과관계를 넘어선 주체의 자리에서 보면 모든 과거의 일은 주체가 새롭게 완성할 것이고, 옳고 그름의 시비를 넘어선 전체의 자리에서 보면 모든 일은 내가 책임져야 할 것이다.

씨올의 철학은 주체와 전체의 자리에서 생각하고 행동하는 것이다. 주체의 자리에서 생각하면 무슨 일이든 주체인 내가 할 일이고, 역사와 사회 전체의 자리에서 생각하면 내 책임이 아닌 게 없다. 역사의 죗값과 빚을 청산하는 것도 다른 누구에게 미룰 수 없고 내가 해야 한다. 주체적인 사람만이 전체의 자리에 서고 전체의 자리에 서는 이만이 주체가 된다.

서로 섬김과 서로 주체성

주체와 전체의 자리에서 과거를 청산하는 섬김은 주체와 주체의 서로 섬김이 되어야 한다. 섬김은 주체가 주체를 깨워 일으켜 주체로 세우는 일이다. 섬기는 이가 섬김 받는 이를 일방적으로 섬긴다면 그것은 자선이거나 노예가 주인을 섬기는 일에 지나지 않는다. 참된 섬김은 주체가 주체를 섬기는 것이다. 섬김은 가장 주체적인 일이다. 섬기는 일은 주체가 주체성을 드러내는 일이다. 남을 깨워 일으켜 세움으로써 나 자신도 스스로 바로 서게 된다. 섬김 받는 사람도 섬김의 대상으로 머물러 있지 말고 섬김의 주체가 되어야 한다. 섬김 받음을 통해서 주체가 되어야 한다. 섬김은 섬기는 이나 섬김 받는 이나 서로 자유로운 주체가 되는 과정이다.

그러므로 섬김은 서로 주체가 되는 일이다. 섬김을 통해서 서로의 해방에 이르러야 한다. 참된 섬김에서는 남을 세우는 일이 나를 세우는 일이고 남을 깨우는 것이 나를 깨우는 것이다. 남을 자라게 하고 크게 하는 것은 나를 자라게 하고 크게 하는 것이다. 남을 살림이 나를 살림이고 남을 높임이 나를 높임이다. 남을 이롭게 함으로써 내가 이롭게 된다. 섬김은 서로 주체가 되게 하는 일이고 서로 섬기는 일이다. 섬김으로써 서로 주체가 된다. 섬기는 이도 섬김 받는 이도 서로 섬기는 자세로 만나고 사귀어야 한다.

섬김으로써 서로 주체가 된다는 것은 서로의 속 생명을 살리는 일이다. 참된 섬김에서는 섬기는 사람과 섬김 받는 사람에게서 생명의 씨알맹이가 싹이 튼다. 섬김은 서로에게서 감성과 이성과 영성이 깨어나고 꽃피고 열매 맺게 하는 것이다. 씨올이 씨올을 섬기는 것은 서로 살리고 서로 구원하는 것이다. 씨올의 섬김은 제가 저답게 되는 것이고, 제가 저로 되는 것이며, 얼생명의 근원인 하나님을 찬양하는 것이고 전체 생명에 돌아가는 것이다. 섬김은 섬김 받는 이를 위하기 전에 먼저 섬기는 자신을 위한 일이다. 섬김으로써 섬기는 자가 먼저 구원받고 전체 생명의 품에 안기게 된다. 그러므로 섬김을 받기보다는 섬기는 것이 더 좋다. 섬김을 받기 전에 먼저 섬기는 것이 더 이롭다. 얼생명을 가진 씨올이 서로 섬김의 삶을 사는 것은 당연하다.

섬김의 원칙과 구체성

섬김은 원칙을 지키면서 구체적이고 효과적인 도움을 주는 일이다. 섬김의 원칙은 섬김의 대상을 주체로 대하는 것이다. 섬김의 대상이 주체로 대접받으면서 그 주체가 주어진 상황과 여건에서 구체적으로 필요한 도움을 효과적으로 받을 수 있어야 제대로 된 섬김이다.

예를 들어 장애인을 돕는 사람은 장애인의 심정과 처지에서 장애인을 도와야 한다. 장애인의 심정과 처지에서 장애인을 돕는 것은 장애인을 생명과 지성과 영성을 지닌 주체로 섬기고 돕는 것이다. 장애인을 바닥에서 일으켜 세우거나 장애인을 도와 계단을 오를 때, 일어서고 오르는 주체는 장애인이 되어야 한다. 나무토막을 일으켜 세우거나 짐짝을 들고 계단을 오르는 것과는 다르다. 아무 생각 없이 우격다짐으로 힘으로 장애인을 도우려는 것은 장애인을 죽은 나무토막이나 짐짝으로 대하는 것이다. 이렇게 하면 장애인이 다칠 수 있을 뿐 아니라 장애인을 모독하는 일이 된다.

또 장애인을 돕는다면서 아무 생각 없이 나무토막처럼 서 있는 것도 도움이 되지 않는다. 장애인이 필요한 도움을 장애인의 상황에 적합한 방식으로 도와야 한다. 그럴 때 창조적이고 서로 주체적인 섬김이 이루어진다. 장애인이 기쁘게 주체가 되는 방식으로 꼭 필요한 도움을 주는 것은 매우 창조적이고 주체적인 일이다. 장애인의 삶과 마음, 주어진 상황과 조건을 깊이 이해하고 파악하지 않으면 서로 주체적이고 창조적인 섬김이 이루어질 수 없다. 섬김 받는 사람의 심정과 처지, 주어진 상황과 현실의 진실을 주체적으로 깨닫고 뚫어 보지 못하면 주체적이고 창조적인 섬김을 할 수 없다.

섬김은 삶과 현실의 진리를 깨닫고 실현하는 일이다. 진리에는 원칙의 진리와 구체성의 진리가 있다. 원칙의 진리는 주어진 상황이나 여건에 관계없이 늘 그러한 진리이고, 구체성의 진리는 주어진 상황과 여건에 충실한 진리다. 삶의 진리를 탐구하는 선불교는 화두를 통해서 원칙의 진리와 구체성의 진리를 파악하려 한다. 예를 들어 "쥐가 고양이 밥그릇을 깨트렸다"는 화두를 내놓고 "어쩔 텐가?" 묻는다. 쥐가 고양이 밥그릇을 깼으니 큰일이 난 것이다. 원칙의 진리는 고양이 밥그릇이 깨졌건, 하늘이 무너지고 땅이 꺼지건 변함없는 그런 진리, 그렇고 그러한 객관적 진리, 여여如如의 진리다. 여여의 진리를 깨달은 선승은 "하늘은 푸르고 강물은 흘러간다", "개가 멍멍 짖는다"는 식으로 대답한다. 아무리 나에게 위험한 상황이 벌어졌어도 하늘은 푸르고 강물은 흘러가며 개는 멍멍 짖는다. 호랑이 굴에 들어가도 정신만 차리면 산다는 말처럼 쥐가 고양이 밥그릇을 깨트리고도 정신만 차리면 살 수 있다. 위험한 상황에 놀라서 허둥거리면 목숨을 부지하기 어렵고 일을 그르치게 된다.

어떤 상황과 처지에 있든지 정신을 차리고 원칙을 지키는 것은 꼭 필요한 일이지만 이것은 반쪽 진리밖에 못 된다. 아무리 쥐가 정신을 똑바로 차렸어도 멀뚱히 앉아 있기만 하면 고양이 밥이 되기 쉽다. 정신을 바로 차린 다음에는 주어진 위기의 상황에 걸맞게 재빨리 행동해야 한다. 고양이 밥그릇을 깼으면 살기 위해서 얼른 도망가야 한다. 재빨리 도망가는 것이 주어진 그 순간의 상황에 충실한 진리, 즉여卽如의 진리다.

여여와 즉여의 진리가 삶의 진리다. 섬기는 일은 이런 삶의 진리를 깨닫는 일이고 그 진리를 실행하는 일이다. 섬기는 사람에게는 지금 섬기는 사람이 세상에서 가장 크고 중요한 사람이고 지금 섬기는 순간이 가장 중요한 시간이며 지금 섬기는 일이 가장 큰 일이다. 모든 종교, 모든 철학의 진리를 지금 이 순간 깨닫고 행하는 것이다. 지금 섬기는 사람에게서 하나님을 보고 만나고, 지금 하는 일에서 하나님의 도움과 은혜를 경험하고, 지금 하는 일을 통해서 우주만물과 인류의 하나 됨을 실현하는 것이다.

오른손이 하는 것을 왼손이 모르게

섬김으로써 전체 생명을 드러내고 전체 생명의 하나 됨을 이룬다. 그러므로 섬기는 일을 자랑하거나 특권으로 여기는 것은 섬김의 자격을 잃은 것이다. 예수가 말한 대로 "오른손이 하는 것을 왼손이 모르게" 해야 한다. 섬김을 자랑하고 광고하면 섬김 받는 이를 부끄럽게 하는 일이고 나아가서 자기를 모독하는 일이다. 그것은 섬김의 값을 떨어트린다. 섬김이 아니라 사욕을 취하는 게 된다. 섬기는 이는 자기를 잊고 자기에게서 자유로워져서 섬겨야 한다.

섬김은 구체적으로 한 사람을 섬기는 일이면서 한 사람 속에서 전체 생명, 하나님을 섬기는 일이 된다. 그러나 섬김을 받는 한 사람이 전체이신 하나님을 섬기는 수단이나 계기로 머물면 그 섬김은 거짓된 섬김이 된다. 그것은 한 사람을 제대로 섬기는 일도 못되고 전체를 섬기는 일도 못 된다. 그 한 사람에게 우주 전체가, 하나님의 존재와 사랑이 다 걸려 있는 것처럼, 그한 사람이 없으면 전체가 아닌 것처럼 그렇게 섬겨야 한다. 한 사람을 하늘처럼, 나라 전체처럼 그렇게 섬길 때 비로소 참된 사람 섬김, 나라 섬김, 하나님 섬김이 된다. 예수가 잃은 양 한 마리가 우리에 남은 아흔아홉마리 양보다 더 존귀한 것처럼 생각한 것은 잃은 양 한 마리가 바로 백 마리 전체이기 때문이다. 그 한 사람을 구하는 것이 전체를 구하는 것이다.

그러나 잃은 양 한 마리를 찾고 섬기는 일이 잃은 양 한 마리를 따라서 함께 헤매는 것을 뜻하지 않는다. 탐욕과 노여움과 잘못된 생각으로 헤매며, 고집스럽게 자신과 남을 파괴할 때 사랑으로 이끌어 줄 필요는 있지만 끌려 다녀서는 안 된다. 값싼 동정심에 끌려 함께 헤매는 것은 바른 섬김이 아니다. 탐욕과 분노와 편견과 고집을 깨트리기 위해서, 거짓과 게으름, 불신과 미움에 맞서 싸워야 한다. 섬김이란 자기와의 끊임없는 싸움이고 탐욕과 불의, 편견과 불신에 맞서 싸우는 것이다.

섬김의 영성, 빈탕한데 맞혀놀이

전체를 살리는 일로 알고 섬기는 일을 기쁘게 사유롭게 하

166

려면 깊은 영성과 깨달음이 필요하다. 섬김의 영성은 자신에 대한 깨달음에서 얻어진다. 예수는 자신이 하나님의 아들天子임을 깨달았다. 그래서 전체를 구원하는 일을 했다. 하나님의 아들로서 예수는 세상의 주인과 주체이고 세상에 대한 무한책임을 졌다. 예수는 주체로서 전체의 자리에서 살았다. 주체로서 전체의 삶을 사는 것, 그것이 하늘의 삶이고 하나님 나라 운동이다. 하나님의 자녀는 하나님과 부자관계(사귐)를 갖는다. 다석의 영성은 하나님과 부자유친父子有親하는 영성, 하나님을 아버지로 자신을 하나님의 자녀로 사귀고 가까이 하는 영성, 하늘과 사귀는 영성이다.

하나님을 어버이로 알고 하늘의 영성을 가지고 살기 때문에 땅의 물질에서 자유롭고 물질의 주인으로서 자유를 누릴 수 있다. 섬김은 자신의 탐욕과 집착에서 자유로운 정신으로 하나님의 사랑과 정의, 전체 생명의 사랑과 정의를 실현하는 일이다. 하늘의 뜻을 이루는 섬김은 세상의 물질에서는 가난하다. 가난해야 하늘의 뜻을 따를 수 있다. 예수가 가난한 사람은 행복하다고 한 것은 가난한 사람이 하늘의 뜻에 가깝기 때문이다. 빈민운동에 헌신한 제정구는 '가짐 없는 큰 자유'를 말했다. 아무것도 가진 것이 없어야 하늘의 자유와 사랑을 누리고 실행할 수 있다. 소유에 집착하는 사람은 물질로는 풍족하고 자유로울 수 있으나 하늘의 영에서는 자유로울 수 없다. 소유에 매이지 않아야 하늘의 큰 자유를 누린다. 다석도 "둘 수 없는 큰 자유", "소유할 수 없는 큰 자유"를 말했다. 호주머니나 금고나 창고에 넣어 두고 소유할 수 있는 것은 '큰 하나'가 아니다. 소유하거나 가질 것이 없는 빔과 없음에서 큰 하나 됨의 자유에 이를 수 있다.

다석은 가질 것 없는 하늘의 자유, 빔과 없음의 큰 자유를 '빈탕한데 맞혀놀이'로 표현했다. 비고 없는 허공에서 놀이하듯 자유롭게 매임 없이 살자고 했다. 이것이 하나님의 아들로서 세상에서 주인노릇 하는 것이고 고통받는 이들을 섬기는 것이다. 빈탕한데 맞혀놀이는 진흙탕 같은 세상에서 사랑과 정의로 섬기는 놀이다. 씨올사상은 햇빛에 그을고 흙 묻은 얼굴로 사랑과 정의로 섬기는 놀이를 하자는 것이다.

섬기는 지도력의 원칙: 씨올, 생명, 평화

섬기는 지도력의 원칙은 '씨올', '생명', '평화'다. 먼저 씨올의 원칙은 씨올 한 사람 한 사람을 주체로 대접하고 섬기는 것이다. 씨올의 섬김은 민중, 한 사람 한 사람의 심정과 처지에서 생각하는 데서 시작한다. 저마다의 삶의 처지와 심정을 존중하며 섬겨야 한다. 섬김 받는 이의 자리에서 섬김 받는 이의 필요에 따라서 섬겨야 한다. 섬기는 사람은 섬김 받는 씨올을 앞지르지 말고 씨올 뒤에 또는 옆에서 씨올이 스스로 싹트고 자라도록 기다려야 한다.

섬기는 지도력의 둘째 원칙은 생명이다. 사람을 섬기는 말과 결정과 행위의 옳고 그른 기준은 생명 사랑이다. 생명을 사랑하는 것은 옳은 것이고 생명을 미워하고 해치는 것은 잘못된 것이다. 생명을 살리고 치유하고 키우는 것이 모든 행동의 목적이고 동기이며, 중심이고 과정이어야 한다. 남을 섬기는 사람은 어떻게 하는 것이 생명을 살리고 키우는 것인지를 일차적으로 생각해야 한다. 생명을 살리는 것이 선이고 정의이고 진리이고 아름다운 것이다.

셋째 원칙은 평화다. 생명을 사랑하는 사람은 평화를 증진시키는 방향으로 섬겨야 한다. 갈등과 대립, 몰이해와 불통, 미움과 분노를 줄이고 이해와 소통, 사랑과 일치가 늘어나는 쪽으로 생각하고 말하고 행동해야 한다. 어중간한 타협과 절충은 평화가 아니다. 옳고 그름, 선과 악을 분명히 갈라놓는 것도 평화가 아니다. 서로 다른 씨올들이 저마다 저답게 살아가면서 생명 사랑 속에서 두루뭉술하고 혼돈스러운 가운데 서로 부딪치고 비벼 댐으로써 공동체를 이루어 가는 것이 평화다.

씨올, 생명, 평화의 섬김이 제대로 이루어지면 '삶의 깊은 가운데'가 드러나게 마련이다. 삶의 깊은 가운데는 나는 내가 되고 너는 너가 되는 자리, 생명을 사랑하고 생명이 치유되고 생명이 늘어나고 커가는 자리, 평화의 만남과 사귐이 이루어지는 자리다. 이 자리에서 서로를 살리면서 하나로 되는 길, 서로 공감하고 배려하는 길이 열린다.

섬김의 지도력은 하늘의 자녀로서 하늘과 사귀고親天 빈탕한데虛空 놀이의 자유를 누림으로 맘대로 하는 자유에서 물物과 사람을 살리고 완성하는 섬김에 이른다. 시간, 공간, 물질, 모임, 만남도 신령한 씨올을 품고 있다. 무슨 일이나 물건도 지극정성으로 씨알맹이가 싹트고 피어나게 해야 한다. 그러기 위해서는 원칙을 지키며 정직하게 지극정성을 다해야 한다. 전체의 자리에서 공심을 가지고 열과 성을 다해서 헌신해야 한다. 어떤 자리에서 누구를 위해 어떤 일을 하든, 하나님을 섬기고 이웃을 섬기고 물질과 일이 제대로 되게 하고 자기가 실현되고 완성되어야 한다. 그렇게 섬길 때 하나님이 세상에서 뚜렷이 드러나고 사람이 사람답게 되고 물질과 몸은 가치와 보람이 있다.

여름지기 농사꾼처럼

섬김의 지도력은 농사하는 방법과 태도로 사람을 이끄는 지도력이다. 흙 속에 심은 씨올이 싹이 트고 자라고 꽃피고 열매가 맺도록 돕는 것이 농사다. 조급한 사람은 농사를 짓지 못한다. 새싹이 더디 자란다고 해서 성급하게 새싹의 목을 잡아늘이면 새싹은 죽고 만다. 스스로 자라도록 기다리고 스스로 자라도록 돕는 것이 농사꾼의 할 일이다. 물이 부족하면 물을 주고 양분이 부족하면 거름을 준다. 돌을 캐내고 잡초를 뽑고 해충을 잡는 일은 할 수 있으나 싹이 트고 자라고 열매 맺는 것은 씨울 자신의 일이다. 농사는 '함 없이 하고 일없이 되는 일'이고 하늘과 씨알의 생명을 믿고 기다리는 일이다. 농사처럼 힘들고 어려운 일은 없다. 겸허하게 힘과 정성을 다해야 한다.

우리말로 농사를 '여름질'이라 하고 농사꾼을 '여름지기'라고 한다. 여름질은 '열매가 열게 하는 짓'이다. 여름지기는 '열매가 열게 하는 사람'이다. 농사는 열매가 열게 하는 일이지 열매를 만들어 내는 일이 아니다. 씨앗이 싹트고 자라서 열매가 열리도록 돕는 일이 농사다. 여름지기 농사꾼의 기다리는 심정과 태도를 익히지 못한 사람은 교육자가 될 수 없고 섬기는 지도자가 될 수 없다.

농사는 정직과 정성으로 짓는 것이다. 속임수로는 싹을 트고 열매를 맺게 할 수 없다. 꾀를 써서 열매를 맺게 할 수 없다. 오직 정직하고 지극한 정성으로 싹이 트고 꽃이 피고 열매를 맺는다. 농사짓는 것과 같은 섬김의 지도력은 절대 정직하고 지극정성을 다해야 한다. 섬기는 사람은 땅을 탓하거나 씨를 탓해서는 안 된다. 국민을 섬기는 정치인이 국민을 탓하는 것은 국민을 주인으로 섬기는 것이 아니다. 싹이 더디 자란다고 해서 싹이 게으르고 우둔하다고 나무랄 수 없는 것과 같다. 국민의 판단과 결정이 맘에 안 든다고 국민을 비난하고 욕하는 것은 국민을 주인으로 섬기는 것이 아니다.

　오늘 국민의 생각과 행동은 그 역사와 사회의 뿌리가 한없이 깊고 오랜 것이다. 국민 대중은 오늘 사회와 역사의 현실이 얼마나 냉혹하고 시대정신과 분위기가 얼마나 각박한지 몸으로 느끼고 몸으로 안다. 역사와 사회 현실의 무게를 몸으로 아는 국민은 개념과 이론, 책과 토론을 통해서 현실을 아는 지식인 엘리트들과는 다르다. 국민은 현실을 사는 존재이기 때문에 생각과 행동이 더디고 느리게 보인다. 국민이 이해타산에 빠르고 작은 욕심에 휘둘리고 거짓 공약에 속는 것 같지만 그것은 세상살이가 너무 힘겹고 야박하기 때문이다. 국민이 잠시 욕심에 휘둘리고 거짓 약속에 속는 것 같지만 끝까지 그러는 것은 아니다. 국민은 결국 자기 삶의 길을 찾아간다.

　나라와 사회를 섬기는 사람들은 오랜 역사를 가진 인격적 생명체로 나라와 사회를 알고 섬겨야 한다. 나라와 사회도 오랜 역사를 두고 자란 것이고 경험과 전통을 가진 것이다. 또 앞으로 자랄 것이고 새롭게 변할 것이다. 나라와 사회를 마치 죽은 물건처럼 알고 맘대로 뜯어고치거나 바꾸려고 해서는 안 된다. 사회제도, 교육제도, 복지제도는 모두 하루아침에 이루어지는 것이 아니라 나라와 민족의 역사와 경험에 맞게 형성되어 가는 것이다. 바른 원칙과 방향을 가지고 다듬어 가야 할 것이다. 정권이 바뀌었다고 해서 제도와 정책을 모두 바꾼다면 제도와 체제가 뿌리를 내리고 싹이 트고 자라서 꽃이 피고 열매를 맺을 수 없다. 교육과 복지, 문화와 예술은 오랜 세월을 누고 자라 가도록 섬기는 마음으로 농사짓는 자세로 접근해야 할 것이다.

스스로 하고 스스로 되게

섬기는 지도력, 섬기는 교육은 '스스로 하고, 스스로 되게' 하는 것이다. '스스로 하고, 스스로 되게' 하는 것이 씨울의 삶의 방식이고 섬기는 원리다. 내 생각과 계획대로 하는 것은 섬기는 것이 아니다. 내 뜻대로 하는 게 아니라 하늘의 뜻대로 참된 주체와 전체의 뜻대로 하는 것이다. 그것은 나와 남을 해치지 않고 자유롭게 실현하고 완성하는 것이다. 그렇게 섬기는 지도력은 나는 나대로 너는 너대로 스스로 자신을 실현하고 완성해 가는 것이다.

섬기는 지도력의 길을 다석은 '맘대로 하고 몸대로 되는 길'이라고 했다. 맘이 하늘의 빔에 이르러 자유롭게 되면 맘대로 해도 자신의 본성과 사물의 본성을 해치지 않고 온전히 실현하고 완성할 수 있다. 물질과 몸에 대한 욕심과 집착에 사로잡혀 있기 때문에 맘이 자유롭지 못하고, 맘이 자유롭지 못하기 때문에 몸과 물질을 해치게 된다. 욕심을 비우고 집착을 버림으로써 맘이 자유로우면 물질의 법칙과 몸의 본성과 일의 이치에 따라 물질과 몸과 일이 되게 할 수 있다. 그렇게 해서 몸과 물질과 일을 실현하고 완성해 간다. 섬기는 지도력은 사람을 사람답게 되도록 하는 것이고 몸과 물건과 일을 물성과 이치에 따라 실현하고 완성하는 것이다.

　나라와 민족을 섬기는 정치인들, 젊은 학생들의 인격과 정신을 기르는 교육자들, 인간의 영혼과 삶을 일으켜 세우는 종교인들은 섬기는 대상이 생명과 정신, 인격과 양심을 지닌 생명체이고 주체임을 잊어서는 안 된다. 국민 한 사람 속에 한국 사회 전체가 들어 있고, 씨올 한 사람 속에 한국 역사 전체가 들어 있다. 사람을 하늘처럼 섬기라事人如天는 동학의 가르침이나 지극히 작은 사람을 그리스도처럼 대접하라는 기독교의 가르침은 씨올 섬김의 자세와 원칙을 보여 준다.

씨올의 섬김과 개벽

　'나'를 뜻하는 '我'(아)는 손에 창을 쥔 모습이다. 창을 놓고 사랑으로 보살피는 손이 되어야 한다. 인간의 생명진화에서 발톱, 손톱이 부드러워지고 손이 정교해졌다. 왜? 섬기고 사랑하라고! 발톱이 부드러워지고 손이 섬세하고 정교해져서 사랑하고 섬기는 것, 이빨이 부드럽고 뭉툭해지고 입에서 곱고 따뜻한 말이 나오는 것, 이것이 개벽이고 자아혁명이다. 이 손으로 주먹을 쥐고 남을 때리는 것은 손을 돌멩이나 쇠붙이로 여기는 것이다. 이것은 수십억 년 생명진화의 역사와 수백만 년 인류 역사에 대한 모독이다.

'나'는 '새로 나는産' 것이고 '나가라'는 것이다. 점을 밖에 찍어서 '나'고 점을 안에 찍으면 '너'다. 나는 이기적인 자아의 밖에 하늘의 빈탕에 전체의 자리에 서라는 것이고 너는 내 안에 품고 모시라는 것이다. 나는 나의 밖에 나가 서서 책임을 지고 너를 내 안에 받아들여 모시고 섬기는 것이 내가 나로 되고 사람다운 사람이 되는 것이다.

생명은 흙(물질)이 하늘(정신)을 품은 것이고, 사람의 맘은 몸 안에 하늘이 열린 것이다. 몸과 맘에 하늘을 모심으로써 이성과 영성이 나왔다. 이성은 하늘의 무한한 평면이 투영된 것이고 영성은 하늘의 깊음과 높음이 투영된 것이다.

기축시대의 성현들은 자연종교와 국가종교를 넘어서 사람의 내면에서 이성과 영성을 발견하고 구현한 분들이다. 이성과 영성에서 무궁한 불멸의 생명을 발견하였다. 이성과 영성은 참과 얼로 사는 삶을 가능케 한다. 참과 얼은 주체의 자유와 전체의 하나 됨, 하늘의 자유와 하나 됨을 실현한다. 나와 너를 넘어서 서로 주체로서 하나 됨에 이른다. 기축시대의 성현들은 서로 돌보고 배려하며, 모시고 섬기는 삶에 이르렀다. 기축시대의 영성은 서로 살리고 더불어 사는 공동체적 삶을 지향했다.

기축시대의 영성은 말 그대로 인류 정신사의 근본 축을 바꾸어 놓은 것이다. 물질에 대한 탐욕과 집착으로 물질의 종이 되면 탐욕과 폭력이 인간을 지배한다. 그러면 인간은 다시 생명진화와 인류역사의 길을 거슬러 짐승이 되고 파멸에 이른다. 물질의 종이 되면 서로 미워하고 학대하여 짐승보다 못한 악귀가 된다. 기축시대 성현의 가르침은 물질의 종에서 물질의 주인이 되는 삶의 길을 연 것이다. 기축시대가 낳은 고등종교들과 철학의 가르침을 한마디로 줄이면 이치에 따라 서로 돌보고 섬기라는 것이다. 신의 아들 예수는 섬김을 받으러 온 게 아니라 섬기러 왔다고 선언했다. 우리 모두 신의 아들이 되어 섬기는 삶을 사는 것이 이성과 영성을 가진 사람의 사명이다. 서로 이치에 따라 사랑으로 섬기면 땅에 하늘나라가 열린다. 섬김으로 땅에서 하늘나라를 여는 것이 참된 개벽이다.

남을 세움으로써 내가 선다

권위와 억압의 지도력은 당파주의로 치닫고, 계급주의로 흐른다. 이런 지도력이 효과적인 것 같지만 결국 반작용을 가져온다. 지름길로 가는 것 같지만 결국 멀리서 돌아서 헤매는 길을 가게 된다. 민주 시대의 지름길은 섬기는 지도력을 키우는 길밖에 없다. 민주시대의 지도력은 각자 주체가 되어 주체의 구실을 하도록 섬기는 지도력이어야 한다. 섬기는 지도력은 남을 세움으로써 내가 서는 지도력이며 남에게 힘을 줌으로써 내게 힘이 되는 지도력이다. 남을 이롭게 함으로써 내가 이롭게 되는 것이다. 이것은 남을 살림으로써 내가 사는 이치다. 요즈음에는 개인의 출세나 기업의 성공을 위한 지침서들도 남을 이롭게 함으로써 내가 이롭게 되는 것을 가르친다. 소비자를 이롭게 하는 기업이 성공하는 것은 당연한 일이다. 국민을 이롭게 하는 정치인이 성공하는 것도 당연한 일이다.

정책과 전략에만 매달리는 사람들은 섬기는 지도자가 될 수 없다. 전략과 정책에 매달리는 것은 낡은 시대의 낡은 정치다. 21세기 민주시대가 요구하는 섬김의 지도력은 깊은 영성과 도덕이 뒷받침되어야 한다. 정치·사회·교육의 지도력은 도덕과 종교의 깊이를 지녀야 한다. 인류의 위대한 스승이었던 기축시대의 성현들에게서 삶의 기본정신과 자세를 배워야 한다. 석가와 공자와 소크라테스가 활동했던 기축시대에 오늘의 고등종교가 태어나고 철학이 시작되었다. 기축시대의 영성은 한 마디로 황금률의 정신, 내가 싫은 것을 남에게 하지 않는 영성이다. 기축시대의 영성은 나와 남의 구분을 넘어서는 전체 생명의 영성이다. 황금률의 정신과 실천은 약육강식의 전쟁과 폭력이 지배한 인류역사를 뒤집고 상생평화의 새 역사를 여는 것이다.

21세기의 섬기는 지도자는 기축시대의 정신인 공감과 배려, 자비심과 비폭력 정신으로 섬겨야 한다. 나와 남의 구분이 없는 전체의 자리에 설 때 섬길 수 있다. 자기를 비워서 겸허하여 전체의 자리에 설 때 남의 심정과 처지에서 남을 섬길 수 있다. 섬김의 지도력은 나도 서고 너도 서는 길을 가는 지도력이다.

그것은 서로를 실현하고 완성하는 지도력이다. 섬기는 지도력은 사람을 널리 이롭게 하는 것이고 이치로써 세상을 바로잡아 서로 살리고 더불어 사는 길을 여는 것이다.

섬기는 사람은 절망을 모르는 사람

섬긴다는 것은 주체가 주체로 되게 하는 것이다. 주체만이 주체를 일으켜 세운다. 주체인 씨올이 주체인 씨올을 일으켜 세운다. 싹이 튼 씨올이 다른 씨올의 싹을 트게 한다. 이성과 영성의 자각을 이룬 씨올이 씨올의 이성과 영성의 자각이 일어나게 한다. 주체를 주체로 일으켜 세우려면, 나 자신을 비우고 낮춰서 지극 정성으로 섬겨야 한다. 오직 섬김으로써만 사람을 깨우고 일으켜 세울 수 있다. 대신 깨어나고 대신 일어날 수 없다. 억지로 깨울 수 없고 강제로 일어나게 할 수 없다. 스스로 깨어서 스스로 일어나도록 사랑과 정성으로 깨워야 한다. 그러므로 섬기는 것은 한없이 기다리는 것이다. 조급한 사람은 섬길 수 없다. 하늘처럼 가없는 마음으로 전체의 마음으로 한없이 기다릴 줄 알아야 씨올을 깨울 수 있다.

전체의 자리에서 전체를 구원하는 심정으로 섬겨야 한다. 나와 내 집단의 이익과 야심을 채우기 위해서 섬기는 것은 속이는 것이다. 참되게 섬기는 것은 나를 구하고 고통받는 씨올을 구

하고 고통을 주는 못된 형제들을 구하는 심정으로 섬기는 것이
다. 이렇게 섬기는 것은 어버이의 마음으로, 하나님의 마음으로
섬기는 것이다. 전체의 자리에서 하나님의 심정으로 사람의 속
생명을 섬기는 사람은 결코 절망을 모른다. 풀과 나무가 절망을
모르듯이 하늘의 얼 생명을 섬기는 씨울은 절망을 모른다. 하늘
의 심정, 하나님의 마음으로 전체를 구원하는 마음으로 섬기는
사람은 절망할 수 없고 절망하지도 않는다. 함석헌은 '절망을
모르는 사람'이었다. 함석헌의 생질 되는 사람에게 소설가 박태
순이 "함석헌은 한마디로 어떤 사람이냐?"고 물었을 때 함석헌
의 생질은 "절망을 모르는 사람"이라고 했다. 함석헌이 아직 젊
었을 때의 이야기다. 나의 욕심이나 노여움 때문에 싸우는 것
이 아니라 원수를 구원하기 위해 섬기는 마음으로 싸우는 사람
은 절망할 이유가 없고 절망할 수도 없다. 너도 살고 나도 살고
그도 살기 위해 힘과 뜻을 다해 함께 꿈틀거릴 뿐이다.

섬김은 불의와 죄악의 업을 끊는 일

  섬김은 불의와 죄악의 업을 끊는 일이다. 업Karma은 부처도
면할 수 없다는 말이 있다. 자연물질 세계의 인과법칙은 확고하
여 깨트릴 수 없다. 역사와 사회에서 불의와 죄악의 인과응보도
준엄하여 잘못을 저지른 대가를 누군가는 치러야 한다. 기본적

으로 업장은 저지른 사람이 당하는 것이지만 저지른 사람만이
당하는 것은 아니다. 죄를 짓기는 못된 인간이 지었어도 죗값을
치르는 것은 전체가 치러야 한다. 사람은 개인이면서 개인만은
아닌 전체이기 때문이다. 역사의 죗값은 역사 전체가 치러야 한
다. 과거에 조상이 저지른 잘못의 대가를 오늘 우리가 받는 것
이고 오늘 우리가 저지른 잘못의 대가를 후대에 누군가가 짊어
져야 한다. 지금 이 시간에 누가 저지르는 탐욕과 미움의 죄악
때문에 엉뚱한 사람이 대가를 치르기도 한다.

자신이 하나님의 생명의 불씨, 전체 생명의 씨앗을 지닌 씨
올임을 깨달은 사람은 개인이면서 전체다. 전체의 자리에서 주
체의 깊은 자유를 지닌 사람은 역사와 사회의 죄업을 끊을 수
있다. 예수나 석가는 전체의 자리에서 죄업을 끊는 이다. 죄업
을 대신 지고 속량한다는 것은 죄업을 끊는 것이다. 얼 생명을
깨달아 주체와 전체의 자리에서 사는 사람은 역사와 사회의 불
의와 죄악을 닦고 씻어서 역사와 사회의 업장을 끊을 수 있다.
섬긴다는 것은 주체와 전체의 자리에서 업장을 끊는 일이다.

굳은일을 하는 것이 내게 유익하다

씨올이 섬김으로써 씨올의 싹이 트고 자란다. 씨올이 섬기는
것은 자기 본성에서 우러나서 자기 본성을 실현하고 완성하는

것이다. 낮은 데서 궂은일을 하며 섬기는 것이 내게 유익하다. 낮은 데서 궂은일을 하며 남을 섬김으로써 나의 몸과 맘을 단련하고 바로잡는다.

빈민 운동가 제정구와 예수회 신부 정일우(존 데일리)가 1970년대 중반에 양평동 판자촌에서 함께 생활했다. 정 신부보다 아홉 살 젊고 시골 출신인 제정구가 처음에 궂은일을 맡아 했다. 지붕이나 벽, 또는 방을 고치는 일이 많았는데 온갖 험한 일은 그의 차지였다. 그런 험한 일을 하면서 마음속으로 제정구는 '왜 나만 이런 일을 하는가?' 하는 불만을 가졌다. 한참이 지난 후 제정구는 정 신부에게 이러저러한 생각을 했었다고 털어놓았다. 제정구는 정 신부가 "그래, 너에게만 그런 힘든 일을 시켜서 미안하다" 대답할 줄 알았다. 그런데 정 신부는 "그랬느냐" 한 뒤 제정구를 빤히 쳐다보며 "지금은 어떠냐?" 물었다.

제정구가 아무 얘기를 못하고 있자 정 신부는 정색을 하면서 "그런 일을 제정구가 도맡아 해서 제정구가 손해 보는 게 뭐냐. 제정구한테 나쁜 게 도대체 뭐냐. 오히려 더 좋은 것 아니냐?"고 말했다. 이 말을 듣고 제정구는 뒤통수를 얻어맞은 듯한 충격을 받았다. 제정구는 충격을 받고 얻은 깨달음을 이렇게 말했다. "험하고 힘든 일을 한다는 것이 당장은 손해 보는 것 같지만, 맘 편히 생각하면 얼마나 보람 있고 좋은 일인가. 내가 궂은일을 할 수 있다는 것, 그리고 그 일을 함으로써 겸손해진다는 것, 남에게 짐을 지우기보다 내가 조금이라도 더 지고 해결

해 간다는 것은 오히려 고맙고 기쁜 일인데……." 정 신부의 꾸
짖음을 듣고서 제정구는 자기의 마음이 잘못되어 이런 생각을
하지 못했음을 깨달았다. 이로써 제정구는 마음속에 스승을
모실 수 있는 준비를 하게 되었다. 그는 정 신부를 "마음을 열
어 준 스승"으로 여겼다. 제정구는 궂은일을 기꺼이 함으로써
자유롭고 큰 사람이 되었다.

  힘들고 귀찮은 일을 한다고 해서 반드시 손해 보거나 잘못
되는 것은 아니다. 오히려 그런 일을 함으로써 마음이 겸허하고
깊어지며, 닦여지고 단련되고 바로잡아진다. 남을 섬기는 일은
자신을 닦는 일이고 자신을 바로 세우는 일이다. 그러나 역사에
서는 잘나고 힘센 사람들이 가난하고 힘없는 사람들에게 힘들
고 귀찮은 일을 시키면서 가난하고 힘없는 사람들을 멸시했다.
가부장적인 남성들이 여성들에게 힘들고 궂은 집안일을 시키면
서 구박했다. 이것을 뒤집는 것이 개벽이다. 궂은일을 하는 사람
이 존귀하고, 남에게 궂은일 시키며 빈둥거리는 사람이 천박한
사람이 되는 세상이 되어야 한다. 궂은일을 하는 사람이 세상
을 살리는 구원자다. 궂은일을 서로 맡아서 하는, 서로 섬김의
공동체 세상을 열어야 한다. 서로 섬김의 세상이 후천개벽의 세
상이다.

  가난한 씨올들은 날마다 사회의 바닥에서 사회 전체의 무거
운 짐을 지고 살아간다. 이들은 주어진 삶 속에서 자발적 헌신
성을 가지고 섬기는 전체의 삶을 살고 있다. 이름 없는 농사꾼,

청소부, 소방수, 노동자들은 전체의 자리에서 자발적으로 헌신하는 삶을 살도록 강요되고 있다. 사회 전체의 무거운 짐을 지도록 요구된다는 점에서는 강요받고 있는 것이고 그것을 뿌리치지 않고 헌신하고 희생하는 삶을 산다는 점에서는 스스로 자발적으로 사는 것이다. 먹고살 길 없어서 어쩔 수 없이 한다는 점에서는 강요된 것이고 날마다 힘들고 어려운 일을 성실히 한다는 점에서는 자유롭게 주체적으로 하는 것이다. 그러므로 다석은 노동자, 농민이 오늘의 예수라고 하였다. 노동자, 농민, 빨래하고 청소하는 여인들이 세상의 짐을 지고 세상을 구원하고 있다는 것이다. 이들은 세상에서 섬기는 삶을 살고 있다.

씨울들의 섬기는 삶은 세상 전체를 구원하는 삶이다. 이들의 섬김이 전체를 구원하는 섬김이 되려면 그들 자신과 다른 사람들이 그 진실을 알아야 한다. 우선 씨울들 자신이 자신들이 하는 일의 뜻과 성격을 깨달아야 한다. 그래야 섬기는 자로서 사회 전체를 이끌고 사회 전체의 주인 노릇을 할 수 있다. 그래야 자신들과 세상을 새롭게 변화시킬 수 있다.

9장

기축(基軸)시대의 영성과 씨올의 새 종교

    100억 년 우주역사 끝에 지구별 위에 생명이 생겼고 40억 년 생명 진화의 긴 역사 끝에 직립하는 인간이 나왔다. 2백만 년 직립인간의 역사 끝에 생각하는 인간이 나왔고 5만 년의 생각하는 인간 역사 끝에 불멸하는 영성을 자각한 성현들이 나왔다. 기축시대의 성현들이 일으킨 이성과 영성의 자각운동 2천 년 후에 씨올의 시대가 왔다. 씨올의 시대는 한 사람, 한 사람이 자연생명과 인간생명과 신적 생명의 씨알맹이임을 깨달아 생명과 영의 씨알을 싹트고 열매 맺는 시대다. 석가가 마음을 비우고 자비심을 보이고 공자가 속알德을 기르고, 노자가 자연생명의 순리에 따라 사는 길을 드러내고, 소크라테스가 생각하는 법을 가르치고, 예수가 민중과 함께 서로 섬기고 살리는 길을 갔다. 기축시대의 성현들이 이성과 영성을 밝힌 후 지금까지 2천 년의 역사는 씨올의 시대, 씨올의 운동을 준비한 역사였다.

　기축시대 이후 지난 2천 년의 인류역사는 민주시대와 평화시대에 이르는 길을 닦아냈다. 아직 완전하지는 않지만 인류역사는 민주와 평화의 방향을 분명하게 가리키며 나아가고 있다. 씨올의 시대는 민주시대다. 민주는 민이 역사와 사회, 우주와 자연생명의 주인과 주체가 되는 시대다. 주인과 주체가 된다는 것은 스스로 씨올이 되어 씨올로 사는 것이다. 씨올로 사는 것은 스스로 생명과 역사의 주인과 주체가 되어 생명과 역사의 씨알맹이인 자신의 이성과 영성이 싹트고 자라고 열매 맺게 하여 자신과 세상을 풍성하게 하는 것이다.

　민주시대 이전의 역사는 사람이 사람 위에 군림하고 사람을 부리는 역사였다. 한 사람 또는 소수의 사람들만이 자유를 누리며 부와 권력을 누리고 이름을 날렸다. 많은 사람들에게 땀 흘려 일하게 하고 자신들은 편히 쉬며 다른 사람들이 땀 흘려 이룬 열매들을 따먹고 누렸다. 열매를 맺거나 열매가 되지는 않고 남이 수고한 열매를 따먹기만 하는 사람들이 존중받고 세상을 주도했다. 땀 흘려 일한 사람은 무시당하고 천하게 여김 받았다.

　민주시대가 왔으나 민주民主가 되지는 못했다. 법으로나 말로는 민주시대라고 하지만 실제의 삶에서는 민주를 이루지 못하고 있다. 민주가 된다는 것은 민이 나라의 주인과 주체가 되고, 삶과 제도의 주인으로 사는 것이다. 오늘날 기술도 발달하고 사회제도와 법, 사회사상과 이론도 발달했으나 기술과 제도

와 법을 민주적으로 운영하고, 민주 사상과 이론을 민주적으로
실천할 사람은 찾기 어렵다. 민주를 이루기 위해서는 사람의 정
신과 영성이 성숙하고 깊어져야 하는데 사람의 정신과 영성이
그만큼 발달하지 못했다. 많은 사람이 돈과 스포츠, 영화와 텔
레비전 화면의 1차원적 삶에 빠져 있다.

민주주의와 사회복지, 교육제도가 발달했다는 선진국인 영
국, 핀란드, 덴마크, 스웨덴의 많은 젊은이들도 술과 마약에 빠
져 생기와 의욕을 잃고 삶의 깊이와 꿈이 없는 나약한 삶을 살
고 있다. 다석은 일찍이 큰 나라 미국이 벌이를 잘하고 작은 나
라 덴마크가 실속이 있어도 거칠고 사나운 맘을 삭힐 철학(뭄삭
힐 줄)이 없으면 제대로 된 나라를 세울 수 없다고 하였다(다석
일지 1959년 1월 4일). 거칠고 사나운 맘을 삭힐 줄 모르면 성숙
한 사람이 될 수 없고 성숙한 사람이 되지 못하면 제대로 된 민
주사회를 이룰 수 없다. 민주주의를 실현하기 위해서는 성숙하
고 자유로운 '나'가 되어 전체의 자리에서 생각하고 실천할 수
있어야 한다. 민주가 되려면 인간의 이성과 영성이 깊어지고 맑
아져야 한다.

씨울의 시대는 평화 시대다. 전쟁과 폭력의 국가민족주의문
명에서 세계통일과 평화의 문명 시대로 넘어가는 씨울의 시대
는 새 하늘을 여는 개벽의 시대다. 5천 년을 이어 온 민족국가
문명은 비민주적 신분질서, 비과학적 숙명론(신화와 교리), 국가
민족주의적 배타성(지역적 제약)을 안고 있다. 오늘은 국가문명

을 넘어서 세계평화문명으로 넘어가는 길목에 있다. 급하게 돌아가는 길목이기 때문에 많은 어려움과 문제가 생겨나고 있다. 국가문명을 넘어 세계평화문명에로 들어가려면 인간정신이 성숙하고 깊어져야 한다.

　민주와 평화의 시대인 씨올의 시대는 씨올인 나와 하늘 사이에 가로막힌 벽이나 중개자가 없는 시대다. 하늘이 내 속에 들어오는 시대다. 내가 곧 하늘이고 하늘이 곧 나가 된다. 이제 밖에서 하늘을 찾지 않고 내 속의 속에서 하늘을 찾고 보고 실현한다. 나와 세상 사이에도 가로막힌 장벽이 없다. 씨올인 내가 곧 세계와 직결된다. 내가 세계이고 세계가 나다. 민주시대인 씨올시대에는 나와 사회 사이에 계급적인 장벽이나 법적인 장애가 없다. 씨올인 내가 하늘이고 세상이고 나라이고 사회이다. 교리나 제도, 신분이나 위계질서가 나를 얽매지 못한다. 내가 하늘이고 내가 세계다. "나는 나다!"라고 말할 수 있는 시대, 이것이 씨올의 시대다. 씨올의 시대에는 새 철학과 사상, 새 종교가 요구된다. 이제는 각자 자각하여 민주, 진리, 평화세계를 실현해야 한다. 이것이 새 문명의 시작이고 개벽이다.

인류 종교사와 기축시대 영성

　기축시대의 성현들은 인간 내면의 주체성을 발견하고 선언했으나 민중이 주체가 되어 주체로 사는 시대를 열지는 못했다. 씨올의 시대를 살기 위해서는 기축시대의 영성을 회복할 뿐 아니라 기축시대를 넘어서 21세기에 걸맞은 씨올시대의 새로운 영성을 확립해야 한다. 그러기 위해서 먼저 인간 정신의 깊이와 높이를 드러내는 인류의 종교사를 살펴보고 종교사 속에서 기축시대의 영성과 씨올의 영성이 어떤 자리를 차지하는지 알아보자. 21세기 씨올의 시대를 보다 분명히 인식하기 위해서 기축시대와 관련해서 인류의 종교사를 간략하게 살펴보겠다.

맨 처음 인류는 자연종교를 가졌다. 직립인간이 된 때부터 2백만 년 동안 인간의 종교는 자연종교였다. 이때 인류는 자연만물에서 크고 신령한 힘을 발견한 것이다. 인간의 생사를 좌우하는 힘이 자연에 있다고 보고 자연의 힘을 숭배했다. 바위와 나무, 산과 강, 곰, 호랑이, 새를 신령하게 여기고 숭배했다. 자연은 살 수 있는 터전과 힘을 주기도 하고 죽음으로 내몰기도 했다. 살고 죽는 힘이 자연에 있다고 보았다. 자연만물에 불멸하는 신령이 깃들어 있다고 본 것이다. 자연종교는 자연만물에서 신적 생명과 영원한 가치를 찾으려 했다.

둘째 단계의 종교는 국가종교였다. 인간들이 서로 연대하고 조직하여 사회조직을 이루고 국가를 형성했다. 5천 년 전 시작된 국가시대에 국가종교시대가 열렸다. 국가종교 시대에는 국가사회와 군왕이 신령하다고 보고 국가와 군왕에 충성하였다. 이 시기에는 성전, 예배당 종교, 성직계급 종교, 제사(예배) 종교가 발달했다. 초기에는 군왕이 제사장 구실을 했으나 점차 군왕에 충성하는 성직계층이 발달했다. 종교는 인민을 하나로 묶어서 국가사회와 군왕에 충성하는 집단이 되게 했다. 군왕은 천자天子였고 하늘, 신과 직통하는 존재였다. 임금, 황제가 국민을 대표해서 하늘에 제사를 지냈다.

국가 사회가 자연보다 무서운 힘을 가지게 되었다. 국가는 민을 보호하고 살리는 힘을 지녔고 또 죽이는 힘을 가졌다. 살고 죽는 힘이 국가와 군왕에게 있다고 보았다. 국가와 군왕에게 신령한 힘이 있다고 믿었다. 왕권은 신에게서 왔다고 생각했다. 종교는 민을 국가에 충성하도록 결집하고 헌신시키는 구실을 했다. 성직계급이 생겨났고 예배와 제사가 발달했다. 예배와 제사, 성직계급과 종교제도는 민을 결집하여 국가사회에 헌신하고 충성하게 했다. 처음에는 제정일치시대여서 제사장이 임금이었다. 제사장과 왕이 분리된 다음에는 사제계급과 종교는 국가와 군왕에게 충성했다. 국가종교는 제도 종교, 제사종교이며 성직계급의 종교였다. 국가종교는 국가권력과 국가에서 신적 생명과 영원한 가치를 보려고 했다.

셋째 단계는 기축시대의 종교다. 2,500년 전쯤 국가문명이 절정에 달했을 때 공자, 노자, 석가, 소크라테스, 예레미야는 인간의 이성과 영성에서 불멸하는 생명을 발견했다. 인간의 내면에서 신적 생명과 영원한 가치를 발견했다. 비로소 인간의 내적 각성, 이성과 영성의 자각이 이루어진 것이다.

　　고대사회에서 물질적 생산력이 증대되고 전쟁과 폭력으로 치달아 사회의 혼란과 갈등이 깊어지던 시대에 기축시대의 성현들은 인간의 내적 깊이를 발견한 것이다. 사람의 내면에서 물질과 몸, 자연과 사회의 힘을 능가하는 새로운 힘을 발견했다. 자연만물, 물질과 몸은 모두 생성소멸하고 변하는 것이지만 내면에서 발견한 영적 실재와 힘은 변치 않고 죽지 않는 것이었다. 그것은 탐욕과 분노와 편견을 넘어서 서로 살리고 공존하는 정신이며 힘이었다. 기축시대의 위대한 인물들은 개인의 이기심을 넘어서 사랑과 자비의 마음으로 공감하고 배려하는 삶에 이르렀다. 민족과 국가, 지역과 전통을 뛰어넘는 기축시대의 영성은 심오하면서 보편적이고 개인적이면서 세계적이었다.

　　기축시대의 영성은 말 그대로 인류 정신사를 새롭게 하고 중심축을 이루는 영성이다. 기축시대의 영성은 지배와 폭력의 국가주의문명에서 민주와 평화의 세계문명으로 나아가는 길을 연 정신과 철학이다. 기축시대의 영성을 깨닫고 발견하고 실행한 인물들은 위대한 성인과 철인으로 떠받들어지고 숭앙되고 추종되었다. 이들에게서 위대한 고등종교들이 생성되었고 철학이 시작되었다. 그러나 당시에는 신분의 차별을 강조한 비민주적 봉건질서, 미신과 운명에 매인 비과학적 사고가 지배하고, 민족국가의 울타리에 갇혀 살았기 때문에 민중이 민주적이고 과학적이고 세계적인 정신과 삶을 살기 어려웠다. 따라서 성현들의 깨달음과 가르침을 믿고 따르는 데 만족했다. 이른바 고등종교들은 성현들의 가르침과 깨달음을 계승하면서도 그 가르침과 깨달음을 왜곡하고 배반했다. 고등종교들 안에 여전히 미신적인 자연종교적 요소들, 영웅을 숭배하고 성직계급과 교리와 예배의식에 매인 국가종교적 요소들이 섞여 있다.

본능과 이성과 영성의 발달사

인간의 종교사는 본능과 이성과 영성의 발달사이기도 하다. 처음 자연종교시대에는 천지만물이 신령하다고 보고 자연의 품에서 살았다. 이때 이성은 약하고 본능적 감성과 영성이 뒤섞여 있었다. 영성은 본능적 감성 속에 잠들어 있었다. 그다음에 국가시대가 시작하면서 자연종교에서 벗어나기 시작했다. 인간의 생산력이 증대하면서 인간의 지성, 꾀가 발달했고, 부와 권력을 누리기 위해서 남을 지배하고 정복하는 투쟁의 역사가 시작되었다. 국가주의, 제국주의 시대가 열린 것이다.

국가종교시대는 국가문명시대인데 지성과 이성이 발달하고 단련되는 시대이다. 원시시대는 자연적 생명의 본능과 신령한 영성이 뒤섞여 있다. 국가시대가 오면서 개인과 개인, 집단과 집단, 국가와 국가 사이에 갈등과 싸움이 일어났고, 싸움에 이기기 위해서 인간이성의 꾀, 꾀부림, 전략이 발달했다. 싸움의 목적은 이김에 있고 남을 희생하고 내가 편히 잘살자는 데 있다.

모든 국가문명은 남을 이겨서 남에게 짐을 지우고 남을 희생
시키고 내가 편히 잘살아 보자는 꾀부림의 문명이다. 꾀부림은
본능적 욕망을 따라서 지성을 사용하는 것이다. 인간의 지성이
본능적 생명을 이끄는 게 아니라 본능적 탐욕과 충동을 따라
서 이성이 움직인다. 이성이 본능의 종노릇을 한다. 인간의 이성
은 제국주의 권력자들의 욕망과 야심을 채우는 도구로 쓰인다.

이성의 꾀부림과 투쟁의 역사 속에서 이성은 단련되고 발
달했다. 본능적 자연생명과 결합된 원시 자연종교 시대의 영성
에서 벗어나 꾀부림을 통해서 인간 이성을 발전시키고 성숙시
켰다. 국가종교 문명의 목적은 잔혹한 싸움 속에서 지성을 깨
우치고 발달시키는 데 있다. 인류역사의 목적은 본능적 생명과
지성과 영성의 올바른 발달과 종합에 이르는 것이다. 인류역사
는 국가들의 투쟁의 역사지만 이 투쟁이 어리석고 무모한 것임
을 깨달아 가는 역사이기도 하다. 싸움이 그치지 않는 한 이 역
사는 싸움의 되풀이밖에 되지 않는다. 이 역사의 의미는 싸움
을 그치고 싸우지 않는 역사로 나가라는 깨달음을 얻는 데 있
다. 이 깨달음을 얻고 평화의 역사로 나가려면 본능적인 탐욕
과 폭력의 종살이에서 이성을 해방시켜 영성에 봉사하게 해야
한다. 이것이 이성을 정화하여 제구실을 하게 하는 것이다.

기축시대의 성현들은 인간의 내면에서 이성과 영성을 자각
하고 이성과 영성에서 영원한 생명, 신령한 생명, 죽어도 죽지
않는 신적 생명을 발견했다. 국가종교시대에는 지성적 꾀부림

으로 자연생명의 본능과 영성의 결합이 깨어졌지만 기축시대의 성현들은 이성과 영성을 자각함으로써 이성과 영성이 물질적 욕망과 폭력의 종이 아니라 주인임을 드러냈다. 이들은 영성을 자각하고 욕망과 폭력의 종노릇에서 이성을 해방함으로써 본능적 생명과 이성과 영성의 종합을 가능하게 했다.

기축시대의 영성을 넘어서 씨울의 영성으로

유영모와 함석헌의 씨울사상은 기축시대에 이룩한 이성과 영성의 깊은 자각을 계승하면서 역사성과 공동체성을 강조한다. 생명은 자라는 것이며 더불어 사는 것이다. 역사적 인간은 개인이면서 공동체적 존재이다. 역사는 자라는 것이면서 더불어 완성해야 할 과제다. 기축시대의 성현들이 자신의 내면에서 영원한 생명, 깊은 영성을 발견했다면 오늘의 씨울은 역사 속에서 다른 사람들과 함께 영원한 생명, 깊은 공동체 영성을 발견하고 실현해야 한다.

씨울사상은 동서의 정신문화를 아우르고 회통한다는 점에서 세계사상의 지평을 열고 있다. 기축시대의 영성을 중심으로 발전된 동서의 정신문화는 각자 시대와 지역의 제약 속에 있었다. 국가문명의 성장기에 태동된 기축시대의 영성과 철학은 국가문명의 제약을 초월하는 보편성을 가지면서도 국가주의 문명의 한계에 결박되어 있다. 인간의 내면에서 영원불멸하는 생명을 발견하고 실현하려 했다는 점에서 국가문명을 초월하는 영성과 철학을 지녔다. 그러나 그 내용과 형식은 국가문명의 시대적 제약 속에 있다. 기축시대의 정신과 문화는 속에 보편적 세계정신을 지녔지만 그 내용과 형태는 그 시대와 지역의 제약을 지니고 있었다. 국가주의 문명이 발생하여 힘차게 자라나던 시기였기 때문에 국가주의문명의 시대정신과 지역문화전통에 매여 있을 수밖에 없었다.

기축시대의 한계

기축시대 영성의 시대적 한계는 세 가지로 지적할 수 있다. 신분계급질서가 온존하는 국가주의시대의 비민주적 한계, 미신적 숙명론이 지배하는 비과학적 사고의 한계, 문화전통의 지역적 한계. 기축시대의 영성에서 민은 역사와 사회를 창조하는 주체로 여겨지지 못하고 과학적 사고와 이성적 사고를 강조하지 못하고 세계적 통합성이 강조되지 못한다. 그 시대의 제약은 신분계급질서-비민주, 미신적 숙명론-비과학, 지역전통-반세계성으로 특징지을 수 있다.

비민주적 신분질서가 지배하는 시대에 태동된 고등종교들은 기본적으로 주체적 자각과 실천의 종교라기보다 성현들의 가르침을 믿고 따르는 종교다. 고등종교들은 기축시대의 성현들의 가르침을 믿고 따르려 한다는 점에서 겉으로는 기축시대의 영성을 계승하는 것처럼 보인다. 그러나 인간내면의 영성과 진리를 자각하고 실천하는 능력을 잃었다는 점에서는 기축시대의 영성을 왜곡하고 배신하였다. 인간의 내면에서 신적 생명과 영원한 가치를 발견한 기축시대의 영성에 충실하려면 믿고 따르는 종교에 머물러서는 안 된다. 성현들과 마찬가지로 각자 내적 영성과 진리를 자각하고 자유로운 주체가 되어 자신의 영성과 진리를 꽃피우고 열매 맺는 실천적인 삶을 살아야 한다.

신분질서를 극복하고 평등한 공동체로 시작한 불교가 지배권력층과 쉽게 결탁하거나 호국불교로 변질된 것은 불교가 시대의 제약과 타협하거나 적응한 것으로 여겨진다. 가난한 민중을 하나님 나라의 주인으로 선언하며 민중종교로 시작한 기독교가 국가권력을 옹호하고 기득권을 대변하는 종교로 전락한 것은 기독교가 시대의 제약에 타협하거나 굴복한 것으로 판단된다.

고등종교들의 가장 큰 문제는 신화적 교리와 미신적 기복신앙에 빠져 이성적인 철학과 분리된 것이다. 기축시대의 영성에는 이성을 해방하는 깨달음의 철학이 내포되어 있다. 공자와 노자, 예수와 석가와 소크라테스의 가르침에는 생각하는 지성을 가진 사람이라면 누구나 공감할 수 있는 깊은 깨달음이 들어 있다. 기축시대의 영성은 이성과 통합된 것이다. 사람의 이성

과 영성이 분리되면 온전한 사람이 될 수 없듯이 영성을 추구
하는 종교와 이성을 탐구하는 철학이 분리되면 온전한 삶에 이
를 수 없다. 철학과 과학에서 분리된 오늘의 고등종교들은 민중
의 이성과 영성을 해방시켜 나라와 역사의 주인과 주체가 되게
하지 못한다. 오히려 신자들을 낡은 교리와 신화, 사회 권력과
종교 권력에 예속시켜서, 새 시대를 향해 나아가는 사회와 역사
의 행진에서 낙오자가 되게 하기 일쑤다.

씨올의 시대와 영성

기축시대 영성의 이런 시대적 사상적 제약과 상황은 씨올사
상이 국가주의문명의 쇠퇴와 세계평화문명의 시작을 예감하는
시기에 태동된 것과는 시대적으로 큰 차이가 있다. 신분질서와
미신과 국가주의 울타리에 갇혀 살았던 기축시대보다 민주화,
산업(과학)화, 세계화가 동시에 이루어지는 씨올의 시대가 훨씬
크고 위대하다.

　2,000년 동안 인류는 역사와 사회생활을 통해서 민주정신
이 닦여지고 다듬어졌다. 이제 인류는 역사와 사회를 스스로
형성하는 주체가 되었다. 자유와 평등의 세상을 스스로 만들어
가는 것임을 알게 되었다. 과학기술의 시대를 맞아 인류는 이치
에 따라 생각하고 행동해야 한다는 것을 알게 되었다. 또 교통

과 통신의 발달로 인류는 하나의 세계 속에 들어가게 되었다. 지금은 민주시대라 무엇이든 스스로 하지 않으면 안 되는 때가 되었다. 지금은 과학기술의 시대라 스스로 생각하여 이치와 법도를 깨달아 알고 행동하지 않으면 안 되는 때가 되었다. 지금은 세계화 시대라 홀로 살 수 없는 때가 되었다. 사는 것도 함께 살고 깨닫는 것도 함께 깨닫고 구원받는 것도 함께 구원을 받아야 할 때다.

민주시대, 과학기술시대, 세계화 시대인 씨올의 시대에는 모두가 서로 이어지고 통하는 삶을 살고 있다. 씨올은 개체이면서 속에 전체를 품고 전체를 산다. 씨올인 우리는 한 몸, 한 생명, 한 운명을 살고 있으나 다만 뚜렷이 느끼지 못할 뿐이다. 내게 일어난 일은 반드시 너에게 울림을 주고, 너에게 일어난 일은 나의 마음을 움직인다. 한 사람이 미치면 온 인류가 멸망할 수 있고, 한 사람이 희생하면 온 인류가 살 수 있다.

오늘의 깨달음과 영성은 보다 공동체적, 전체적인 일이 되었다. 나의 깨달음이 너의 깨달음이 되고 너의 구원과 해탈이 나의 구원과 해탈이 된다. 너의 고난이 나의 고난이 되고 너의 구원이 나의 구원이 된다. 기축시대에 이루어진 이성과 영성의 자각이 이제는 개인의 차원에서 씨올 전체의 차원으로, 몸과 사회와 역사의 차원으로 확장되어 이루어져야 한다. 기축시대의 성현들이 지혜와 깨달음의 씨앗을 뿌렸다면 이제는 씨올들의 마음밭과 삶에서 씨앗이 싹터서 열매를 맺을 때다.

예전에는 성현으로 일컬어지는 소수의 사람만이 깨달음의 영성에 이르렀다. 만 명 가운데 한 사람이 깨달음에 이르기도 어려웠다. 따라서 보통 사람들은 깊은 영성의 깨달음을 지닌 사람들을 믿고 따르는 데 머물렀다. 그러나 이제 민주시대이고 과학시대이며 정보통신의 발달로 깨달음의 지식과 가르침을 누구나 쉽게 배울 수 있다. 뜻과 정성만 있으면 누구나 인터넷에서 또 책과 자료를 통해서 성현의 깨달음에 관한 지식과 정보를 얻을 수 있다. 몰라서 깨닫지 못하는 시대는 지나갔다. 옛날에는 가물에 콩 나는 것보다 더 드물게 깨닫는 사람이 나왔지만 이제는 가마솥에 콩 튀듯 깨닫고 깊은 영성을 얻는 이들이 나올 수 있다. 씨올시대는 누구나 깨닫고 깊은 영성을 얻어서 생명과 얼의 꽃과 열매를 풍성히 펼치는 때이다.

민을 역사의 주체로 보고 남녀평등을 말하고 이성적·과학적 생각을 강조하는 씨올사상은 새 시대의 사상적 틀과 성격을 나타낸다. 기축시대의 영성이 국가주의 시대 한가운데에서 개인의 내적 영성과 깨달음을 강조했다면 씨올사상은 국가주의가 쇠퇴하고 새 시대가 동트는 시대의 전환점에서 역사를 창조하는 주체와 이성적·과학적 생각의 주체로서의 민을 강조하고 세계평화와 통일의 전망에서 주체성과 전체성을 통일하는 공동체적 영성을 강조한다. 씨올사상과 정신의 틀거리paradigm는 기축시대 정신의 틀거리와는 다르다. 씨올사상으로 제시된 새로운 정신의 틀거리는 세계평화와 통일을 위한 정신과 사상의 틀거리이며, 세계문명시대의 인류가 살아갈 정신과 사상의 집이다.

씨올사상은 역사와 사회를 지어 가는 민주적 주체사상이며, 스스로 생각하는 과학적 사상이며, 국가와 지역을 넘어서 세계 평화와 통일을 지향하는 세계사상이다. 씨올사상은 동서고금의 정신과 사상을 회통하는 종합의 사상이다. 씨올사상은 미래의 인류가 살아갈 정신적 존재의 집이다.

서구 기독교의 실패와 씨올사상

이성과 영성의 통합은 인간 본연의 사명일 뿐 아니라 인류 문명사의 과제다. 서구정신문명은 기독교와 그리스철학의 만남으로 이루어졌다. 기독교정신과 그리스철학이 서구정신문명의 토대이다. 서구정신사는 기독교정신과 그리스철학의 만남으로 시작되었고 이 두 정신사상의 갈등 속에서 양자를 종합하려는 노력으로 전개되었다. 신약성경은 하나님의 말씀을 그리스어 로고스로 옮겨 썼다(요 1:14). 본래 히브리 정신을 나타내는 신의 말씀 '다바르'는 신의 말, 뜻, 사건을 나타내는 말로 신의 의지와 명령, 신의 의지와 명령이 일으키는 사건을 뜻한다. 이에 반해 로고스는 이성의 계산과 헤아림, 말과 법칙과 논리를 뜻한다. 다바르가 변화(새로움과 창조)를 요구하는 신의 의지(사랑과 정의)와 명령(율법)을 나타낸다면 로고스는 존재와 현실에 대한 인간 이성의 설명(해석)과 이해를 뜻한다.

서구기독교문명의 사명은 그리스의 로고스 철학과 히브리 기독교의 말씀(아가페) 신앙을 통합하는 데 있었다. 신약성경에서 하나님의 말씀인 그리스도를 로고스로 번역했을 때 이 사명과 목적을 확인한 것이다. 하나님의 말씀은 하나님의 뜻과 의지를 나타내는 것으로 인간 영혼의 신생과 쇄신, 역사의 창조와 변혁을 일으키는 것이다. 이에 반해 로고스는 이성, 말, 원리, 법칙을 뜻하는 말로 무엇을 설명하거나 헤아림을 나타낸다.

철학적·과학적 로고스와 변혁적·영성적 말씀의 통합은 이성과 영성의 통합과 자각적 실천을 뜻한다. 사람에게는 본능과 이성과 영성, 몸, 맘, 얼이 있다. 이성과 영성의 통합은 몸과 맘과 얼의 통합을 뜻한다. 이성과 영성의 통합은 영성이 이성을 해방하고 이끌 때 가능하다. 서구문명의 과제와 사명은 말씀과 로고스를 통합하는 문명을 형성하는 데 있었다. 신과 인간, 영성과 이성, 종교와 철학, 신앙과 과학, 사랑(정의)과 기술(제도)을 통합하는 것이다.

그러나 서구정신사에서 로고스와 말씀의 통합은 이루어지지 못했다. 중세 때는 신앙적 영성이 이성을 억압하고 과학적 진리를 짓눌렀고 배척했다. 근대의 자유주의에서는 이성이 왕처럼 군림하고 신앙적 영성을 밀어내고 소외시켰다. 인간 이성의 해방으로 시작된 근세철학은 신의 말씀과는 반대로 인간의 탐욕과 정복의지를 정당화하고 부추기는 구실을 하였다. 서구

의 근현대철학은 인간의 무분별한 탐욕과 정복의지를 순화시
켜 사랑과 정의의 길로 안내하지 못하였다.

　이성의 힘으로 과학기술과 산업문명을 일으킨 서구사회는
세계정복전쟁으로 치달아 1, 2차 세계대전을 일으켜 도덕과 정
신의 파국에 이르렀다. 이 과정에서 서구 기독교는 정신적으로
거의 몰락하였다. 유럽의 기독교는 힘을 잃었고 미국의 기독교
는 비이성적이고 반동적인 행태를 보임으로써 종교로서의 존재
의미를 상실하고 있다.

　유영모·함석헌의 씨올사상:
　이성을 최대한 살리고 영성에 이름

　서세동점의 시기에 식민지 백성으로서 유영모와 함석헌은
기독교 신앙, 이성철학, 민주정신을 중심에 받아들이면서 동양
종교사상을 재해석하여 다시 살려냈다. 강대국의 탐욕과 폭력
으로 짓밟힌 식민지 백성으로서 사랑과 정의, 자유와 평화를
갈구하면서 이성과 영성의 통합을 추구하였다. 유영모는 '나'를
생성시키는 생명과 존재와 영의 행위로 생각을 파악하였다. 그
는 신앙과 학문, 추리와 기도를 일치시켰다. 그는 이성의 자유
와 능력에 아무 제한을 주지 않고 오히려 이성의 능력과 구실
을 최대한 확장하고 심화시키는 방식으로 자신의 철학을 형성

하였다. 유영모에게서 이성의 자유와 신앙의 깊이가 결합되었다.[1] 함석헌은 이성과 말씀의 종합을 다음과 같이 표현하였다. "이성의 높은 봉에 이르지 않고 하늘에서 내리는 영을 받을 수 없다. 그것은 이성만이 시간을 초월하고, 공간을 초월하고, 자아를 초월하여, 절대계에서 오는 영에 접할 수 있는 디딜 곳이 되기 때문이다. 감정 같은 것은 그 봉우리의 중턱에 피는 꽃밭에 지나지 않는다⋯⋯ 오시는 말씀은 무한히 넓게 열린 맘이 아니고서는 받을 수 없다. 그리고 사람의 맘에 무한을 이해할 수 있는 것은 이성뿐이다."[2]

유영모와 함석헌의 씨올철학에서 이성과 영성이 통합되었을 뿐 아니라 동서고금의 사상이 종합되었다. 동서문화의 정신과 사상이 유영모와 함석헌의 씨올철학 속에 합류되었다. 기독교의 하나님 말씀, 그리스의 로고스(생각), 동아시아의 도(길), 불교와 도교의 빔과 없음, 한국의 한(韓)이 씨올사상에 융합되었다. 기독교의 하나님 말씀은 초월적 역사의식으로, 그리스의 로고스는 '생각'으로, 동아시아의 도(道)는 '줄곧 뚫림'과 통함으로, 불교와 도교의 빔과 없음은 '빈탕한데 놀이'와 '버림의 자유'로, 한국의 한은 회통과 하나 됨으로 씨올철학 속에 녹아 있다.[3]

예수 운동

예수는 2천 년 전에 유대 나라 갈릴리 산골 마을에 살았던 젊은이였다. 예수는 로마의 식민지 국가에서 태어나 하나님 나라(하늘나라)를 선포하고 하나님 나라 운동을 벌였다. 하나님 나라 운동은 하나님 신앙을 바탕으로 죄의 용서와 치병과 밥상 공동체 운동으로 전개되었다. 하나님 신앙은 영혼의 깊이와 쇄신, 공동체적 하나 됨(전체)을 가져온다. 하나님 신앙은 영혼의 자유로운 주체와 인류 전체의 하나 됨에로 이끈다. 예수는 가난한 죄인들에게 죄의 용서를 선언함으로써 정신적으로 자유를 주고 주체를 해방하였다. 그리고 가난하고 병든 사람을 고쳐서 살려내고 가난한 죄인들과 밥상공동체의 사귐을 나누었다. 예수는 서로 살림과 나눔의 운동을 일으켰다. 물고기 두 마리와 보리떡 다섯 개로 5천 명이 먹고 남았다는 것은 가난한 사람들이 서로 나눔으로써 풍성해졌다는 것을 말해 준다. 하나님 나라 운동은 가난한 사람들의 공동체 운동이었다.

예수의 하나님 나라 운동은 로마제국과 폭력으로 맞서는 것은 아니었으나 새로운 삶과 정신, 사회생활의 새로운 형태로 로마제국과 맞섰다. 예수 운동의 생활양식은 로마 제국의 지배 세력이 추구하는 생활양식과 대립되었다. 로마제국은 탐욕적이고 억압적이고 향락적인 도시생활을 추구하고 확장시켰다. 로마제국은 권력과 부의 정점에 선 황제를 중심으로 권력과 부를 중개하고 향유하며, 민중을 착취하는 브로커(broker, 중개인) 체제였다. 황제가 부와 권력을 측근 장군들과 귀족들에게 나누어 주면 이들이 다시 그 아래 사람들에게 나누어 주었다. 이런 복잡한 중개과정과 단계들을 중심으로 행정과 징세체계가 이루어졌다. 이런 중개체제는 권력과 부를 분배하는 체제일 뿐 아니라 민중을 억압하고 수탈하는 체제였다. 한마디로 로마제국은 반민중적인 착취체제였고 중개체제였다.

민중의 억압과 착취에 근거한 로마제국의 반공동체적인 도시향락문화는 이스라엘의 전통적인 마을공동체를 무너뜨렸다. 상생과 공존의 마을공동체 삶 속에서 살았던 예수는 민중이 직접 사귀는 자치생활공동체 전통을 회복시키려 했다. 예수의 하나님 나라 운동은 로마제국의 지배착취체제에 맞서 서로 살리고 더불어 사는 직접적인 자치생활공동체를 회복하고 실현하고 완성하는 운동이었다.

종교적으로도 하나님과 민중을 매개하는 브로커체제가 지배했다. 예루살렘 성전을 독점한 제사장들이 민중과 하나님 사이에서 매개하면서 민중을 착취하고 소외시켰으며 바리사이파와 율법학자들이 경전을 독점하고 해석함으로써 민중과 경전을 매개하려고 했다. 예수는 자신이 하나님의 아들임을 깨닫고 다른 민중들도 하나님의 자녀임을 선언함으로써 이런 모든 종교 브로커체제를 거부했다. 예수가 예루살렘 성전을 숙청한 것은 종교개혁뿐 아니라 사회혁명의 의미를 지닌다.

또 자유롭고 주체적으로 성경을 해석함으로써 예수는 성경의 진리가 민중을 해방하는 진리가 되게 했다. 예수는 오직 "진리와 영으로 예배하라" 함으로써 민중을 성전과 제사장에게서 해방시켰을 뿐 아니라 바리사이파와 사두가이파의 교리적·독단적 해석에서 자유롭게 했다. 예수는 민중에게 삶의 종교를 주었다. 진리와 영으로 예배한다는 것은 사람마다 지니고 있는 이성과 영성으로 하나님을 섬기고 사귄다는 것을 뜻한다. 이것은 스스로 저마다 자신의 이성과 영성을 다해서 자기에게 충실한 삶을 삶으로써 예배하는 것을 뜻한다. 이성과 영성을 있는 힘껏 발휘하여 아름답고 풍성한 삶을 사는 생활종교를 이루라는 것이다. 예수는 이 한 마디 말로써 성직자와 예배당 없는 종교, 교리와 신화에서 벗어난 생활종교로 이끌었다. 예수의 하늘나라는 하나님을 어버이로 모시고 형제자매로 사귀는 공동체다. 예수의 종교는 성직자도 예배당도 교리도 없는 생활공동체 종교였다. 이것은 매우 성숙하고 주체적인 영적 종교다.

그러나 기독교는 로마제국의 공인을 받은 후 성직자, 예배당, 교리 중심의 종교로 전락했다. 민중의 자치적인 생활공동체 운동으로 시작한 예수의 종교가 반민중적인 귀족종교로 된 것이다. 예수의 이름을 내세운 기독교가 예수의 삶과 정신을 배반한 종교가 되었다. 소수의 신앙인들과 성자들과 수도사들이 예수의 삶과 정신을 지키려고 애를 썼으나 주류 기독교는 국가권력과 결탁하여 기득권 종교가 되었다.

기독교가 타락했을 때 루터와 칼뱅이 종교개혁을 일으켰다. 가톨릭은 성직자 중심의 제도종교 성격이 강했고, 루터와 칼뱅이 일으킨 개신교는 회개와 갱신을 강조하는 개인 신앙의 성격이 강했다. 그러나 개신교도 예배당, 성직자, 교리 중심의 종교를 벗어나지 못했다. 루터와 칼뱅의 종교개혁에는 당시 정치사회의 흐름이 뚜렷이 반영되어 있다. 순수한 종교개혁이라기보다 정치사회의 변화에 편승하여 종교개혁이 이루어졌다. 제후들의 정치적 이해관계와 시대적 관심과 편향이 종교개혁에 영향을 미쳤다. 루터와 칼뱅의 글에는 신학적 적대자들에 대한 심한 욕설과 비방이 많이 나온다. 이들에게는 상생과 공존의 공동체적 성격이 부족했다.

기성종교의 개혁과 새 종교운동

1953년 7월 4일에 쓴 '대선언'에서 함석헌은 미국독립선언으로 "새 시대의 아침을 열었던 이날에" 새 진리의 신앙을 선언하였다. 6·25전쟁을 겪고 한반도 동남쪽 끄트머리 바닷가에서 새 시대 새 세계의 진리와 정신을 선언한다. "여기 아시아의 큰 길목 세기의 새 아들 낳으려 아픔에 떠는 고난의 여왕의 꽃동산의 동남쪽 끝에 서서" 함석헌은 미국이 지배하는 시대가 지나가고 아시아의 한반도 동남쪽 태평양 바닷가에서 새 시대가 시작됨을 선언한다.

여기서 함석헌이 선언하는 새 시대의 종교는 기독교를 넘어서는 참의 종교, 역사의 종교다. 역사의 하나님, 생명의 하나님은 과거와 현재를 딛고 새 역사를 지어간다. 함석헌은 기독교에 대해서 이단자가 될 것을 선언한다. "기독교는 위대하다. 그러나 참은 보다 더 위대하다. 참을 위해 교회에 죽으리라. 교회당 탑 밑에 내 뼈다귀는 혹 있으리라. 그러나 내 영은 결단코 거기 갇힐 수 없느니라." 기독교를 넘어서 참의 종교, 생명의 종교를 선언한다. "생명은 난 끝에 있나니 레바논 백향목의 자람 그 순 끝에 역사의 나감 시대의 뾰족한 끝에 거룩한 영의 피어남 맘의 풋 끝에 묵은 가지의 짙은 그늘을 두고 수북이 두고 생명의 원줄기는 사정없이 올라만 가나니."

제도로 굳어진 가톨릭교회는 북유럽 독일의 루터에 의해 깨졌고 루터가 일으킨 개신교의 얼크러진 그물은 무사도 정신에 사무친 일본의 우치무라 간조의 칼에 찍혔다면서 함석헌은 "그리고 역사는 또 나갔더라. 무섭게 날개 치는 그 바퀴가 오늘 너와 나를 끌지 않나?" 하였다. 함석헌은 낡은 종교인 기독교를 "시대 떨어진 낡은 못"으로 보았다. "시대 떨어진 낡은 못으로 흐르는 역사를 못 박아는 못 놓는다. 식물에 양치류 지금도 있더라만 동물에 파충류 오히려 살더라만 그들은 이미 이날 이 지구의 주인은 아니더라." 함석헌은 "시대의 까꿈서는 재를 넘는 역사의 바퀴소리"를 들으면서 "나가는 역사의 수레채를 메고 달려나 보련다" 하였다.

함석헌은 기독교를 개혁하려 했을 뿐 아니라 기독교를 넘어서 새 종교를 열망했다. 그가 동양 종교들과 서양 기독교를 혼합하여 종교를 만들려고 했던 것은 아니다. 그러나 그는 민족국가시대를 넘어서 세계평화와 통일의 길로 나가는 오늘의 시대가 새 종교, 씨올종교를 요구한다고 보았다. 생명과 역사는 자라는 것이고 새로워지는 것이므로 과거에 머물거나 의존해서는 오늘의 삶과 새 시대에 충실할 수 없다. 따라서 함석헌은 기독교의 낡은 종교적 형태뿐 아니라 2, 3천 년 전에 쓴 성경이나 2천 년 전에 살았던 청년 예수에게 매여 있을 수 없다고 보았다. 따라서 2천 년 전의 초대교회나 성경, 예수에게 돌아가거나 단순히 초대교회나 성경, 예수를 회복하려는 것은 오늘의 산 역사, 이 역사 속에 살아 계신 하나님께 충실한 것이 못 된다.

오늘의 시대는 예수의 시대보다 역사적으로 자란 시대다. 오늘의 시대가 예수의 시대보다 더 크고, 오늘의 민중이 예수 시대의 민중보다 더 자랐다. 오늘 우리가 사는 시대가 예수가 살던 시대보다 더 자란 시대요, 더 큰 시대다. 또한 지중해 지역에 머물렀던 예수 시대의 세계보다 세계 인류를 아우르는 아시아 태평양 지역의 세계가 훨씬 크다. 예수 시대의 정신과 사명보다 우리 시대의 정신과 사명이 더 크고 위대하다. 아무리 예수가 위대한 정신이라고 해도 과거의 인물인 예수에게 머물고 집착하는 것은 생명과 역사의 진리정신에 어긋난 것이다. 예수 자신도 제자들이 자기보다 큰일을 할 것이라고 말했다. 함석헌은 예수를 온전한 생명의 사람, '통 숨'의 사람이라고 했다. 예수야말로 생명과 생명의 근본에 충실한 사람이었다는 것이다. 함석헌이 예수를 가장 높이 평가하면서도 성경공부 시간에 "나는 예수보다 큰 인격이 나올 수 있다고 믿는 사람이다"라는 말을 분명히 하였다. 자라는 생명의 역사가 예수에게 갇혀 있을 수 없다는 점에서 당연한 말이라고 생각한다. 예수는 자신을 '선한 선생님'이라고 부르는 사람에게 "왜 나를 선하다고 하느냐? 하나님 한 분밖에는 선한 이가 없다"(막 10:18) 하였다. 자신이 완전한 절대자가 아님을 밝힌 것이다. 예수를 절대화하여 예수에게 매달리는 것은 예수가 원하는 일이 아니었다. 오히려 예수는 제자들이 자신을 넘어서 자신들의 때, 자신들의 삶을 살기를 원했다.

역사 속에 살았던 청년 예수는 결코 완전자가 아니었고 완전자가 될 수도 없었다. 오늘의 역사에 비추어 보면 예수의 시대적 한계를 지적할 수 있다. 보통 예수가 3년쯤 공적인 삶을 살다가 십자가에 달려 죽었다고 생각한다. 그러나 학자들 가운데는 1년 남짓 하나님 나라 운동을 벌이다가 로마군과 대제사장에게 잡혀 죽었다고 보는 이들도 있다. 3년 동안 공적 활동을 했다고 보면 33세에 하나님 나라 운동을 하다가 36세에 죽은 것이 된다. 이 짧은 기간에 완전한 가르침과 교육이 이루어졌다고 할 수 없다.

예수의 삶과 가르침을 기록한 복음서들에는 여성 차별적인 내용이 들어 있다. 예컨대 열두 제자 가운데 여성이 포함되지 못했다. 물고기 두 마리와 보리떡 다섯 개로 5천 명이 먹고 남았다는 이야기에서도 여성은 5천 명 속에 포함되지 못했다. 남녀 모두 하나님의 자녀들이고 하늘나라의 주인이라고 가르쳤다는 점에서 예수 자신은 여성 차별을 하지 않았다고 생각할 수 있다. 그러나 예수가 가부장제적 편견을 극복하고 남녀평등을 실현하는 가르침을 제자들에게 분명히 가르치지 못한 것은 사실이다.

또 예수는 주로 민중들에게 믿으라고 하면서 믿음을 강조할 뿐 주체적이고 이성적으로 생각할 것을 강조하지 않았다. 스스로 이치에 따라 생각하고 깨달을 것을 강조하지 못했기 때문에, 예수가 죽은 다음에 예수를 따르는 사람들이 예수가 하늘에서 구름 타고 다시 올 것이라는 신화적인 생각에 빠지고 말았다. 비이성적이고 비과학적인 이런 신화적인 생각 때문에 기독교가 생명력을 잃고 생명의 속알맹이가 빠진 종교로 전락하게 되었다.

또 예수는 "하늘나라가 온다", "하늘나라에 들어가라"라고 말할 뿐 하늘나라를 이루어 가라는 말은 거의 하지 않았다. 예수는 민중을 하나님의 자녀, 하늘나라의 주인으로 선언했으나 역사와 세상을 만들어 가는 주체임을 강조하지는 못했다. 이로써 기독교인들은 역사와 사회에서 수동적인 위치에 머물게 되었다. 민중이 역사와 사회를 이루어 가는 주체이며 하나님의 일동무라는 함석헌의 씨올사상이 복음서에는 빠져 있다. 지난 2천 년의 역사를 통해서 민중이 역사와 사회를 형성하는 주체 라는 민주의식이 확립되었다. 민중이 역사와 사회의 책임적 주 체라는 의식은 근대 이후의 역사의식이다. 민중이 역사를 변혁 하고 새롭게 지어 가는 경험은 역사적으로 근현대에 이르러 부 각된 것이다. 역사에는 '하는 차원'과 '되는 차원'이 있다. 예수 에게는 되는 차원이 주로 부각되어 있다.

　이러한 예수와 성경의 제약은 예수 자신의 제약이라기보다 시대와 역사의 제약이라 볼 수 있다. 예수 자신은 누구보다 생 명과 역사에 그리고 생명과 역사의 주님인 하나님께 충실한 삶 과 가르침을 남겼다고 볼 수 있다. 그러나 그런 예수도 시대와 역사의 제약 속에 있다는 것 자체가 특정한 시대의 특정한 인 물에게 머무르거나 매여 있을 수 없는 생명과 역사의 진리를 말해 준다. 생명과 역사의 주인인 하나님은 특정 시대나 특정 인물에 매여 있지 않고 늘 새 시대를 열며 새 인물을 낳는다.

　이제까지 기독교인들은 예수를 믿고 따르려 했다. 예수를 믿고 따르는 데 만족하지 못한 사람들은 예수의 삶과 정신을 직접 살기 위해서 '예수 살기' 운동을 펼쳤다. 그러나 예수 믿기, 따르기, 살기는 예수가 주체이고 중심이라는 점에서 낡은 범주 에 속한다. 유영모는 '예수 그리스도'를 '이어서 그리스도록'으 로 풀이했다. '예수'는 '이어서'이고 '그리스도'는 '그리스도록'이라 풀이한 것이다. 우스운 말장난처럼 보이나 이 풀이는 예수를 이해하고 예수와 관계하는 새로운 지평과 틀거리를 보여 준다. "내가 예수를 이어서 그리스도가 되어 그리스도로 살자는 것이다." 유영모의 예수 이해에서는 더 이상 예수가 주체와 중심이 아니고 내가 주체이고 중심이다. 예수의 뜻을 이어 산다는 점에서 예수는 나의 스승이다. 스승과 제자는 깊은 관계를 가지고 있지만, 제자가 스승에게 붙어 있거나 매달려 있어서는 안된다. 스승 예수는 예수의 때를 살고 제자인 나는 나의 때, 나의 삶을 산다. 자라는 생명과 나아가는 역사의 진리에 비추어 볼 때, 예수를 이어 사는 것이 마땅하고 옳다. 하나님은 죽은 자의 하나님이 아니라 산 자의 하나님이며 과거에 살지 않고 오늘 여기의 삶 속에 살아 계신다.

교리-신화, 성직자, 예배당 없는 생활종교

씨올 종교는 생활종교다. 예수는 "진리와 영으로 예배하라" 했다. 씨올 종교는 예수의 이런 가르침에 충실한 종교다. 예배당 없는 종교, 성직자 없는 종교, 예배의식과 형식에 매이지 않는 종교, 제도와 조직, 체제와 종교적 의무와 속박에 매이지 않는 종교, 교리도 없는 종교다. 씨올은 제 속에서 하나님을 발견하고 영원한 생명의 씨알맹이를 싹 틔움으로써 더불어 살고 서로 살리는 삶을 열어 간다. 잘 때나 밥 먹을 때나 일할 때나 공부할 때나 늘 기도하고 늘 감사하며 순간순간 자기를 불살라 제사 지낸다. 씨알종교는 예수가 그랬듯이 산에서나 들에서나 바닷가에서나 밭고랑에서 함께 말씀을 나누고 찬미하고 기도하면서 하나님과 사귀고 하나님을 우러르는 종교다. 석가가 그랬듯이 탐욕과 분노와 편견을 멸하고 빔과 없음의 자유를 누리며 자비를 행하는 종교다. 공자처럼 마음의 밝은 덕을 닦아 세움으로써 자기를 누르고 남을 존중하여 세상을 밝고 평탄하게 만드는 종교다. 소크라테스처럼 자신과 남을 밝고 맑은 이성의 진리 앞에 세움으로써 불멸하는 생명의 길로 이끄는 종교다.

씨알종교는 종교 아닌 종교다. 신앙생활을 하는 데 성직자의 지도가 필요 없고, 하나님을 섬기는 데 돈이 필요 없다. 예배당과 성직자와 교리가 없다는 점에서 기성종교가 아니다. 따라서 종교의 형태와 조직, 교리와 예배 형식이 없다는 점에서 종교가 아니다. 그러나 물질세계와 상대세계를 넘어서 영원한 생명과 자유를 추구하고 '나'의 속의 속에서 하나님을 발견하고 이웃과 전체 하나로 살려고 한다는 점에서 종교다. 물질과 몸의 상대세계를 넘어서 '나'를 초월하여 하늘의 자유와 하나 됨을 추구하고 실현하려 한다는 점에서 종교다.

씨알종교는 이성과 영성을 일깨우고 실현하는 종교다. 세속화, 민주화, 과학화가 이루어진 오늘의 삶 속에서 정신의 깊이와 높이를 드러내는 것이 씨알 종교의 일이다. 삶이 곧 종교이고 종교가 삶이다. 일이 곧 종교이고, 예배다. 기도와 생각이 하나로 되어야 한다. 그렇게 되기 위해서는 경전공부와 생각명상에 힘쓰고, 씨올들이 모여서 말씀과 생각과 삶을 나누는 일에 힘써야 한다.

생명의 깊이를 드러냄

씨올종교는 생명의 깊이와 높이를 드러낸다. 씨올이 땅의 두터운 흙을 뚫고 솟아올라 생명활동을 펼치듯이 사람의 얼은 탐진치의 두터운 껍질을 깨고 하늘의 빈탕한데로 솟아올라야 한다. 빈탕한데 얼의 세계로 솟아오름이 사람답게 되는 것이다. 얼이 생명의 깊이와 높이다. 삶 속에서 얼을 뚜렷이 드러내는 것이 생명의 깊이와 높이를 입체적으로 드러내는 것이다.

어떻게 얼이 솟아나는가? 생각함으로써 얼이 살아나고 솟아난다. 생각은 몸(물질)과 마음(정신)을 하늘에 비추어 보는 것이고 하늘을 몸과 마음에 품는 것이다. 하늘에 비추어 보고 하늘을 품으면 얼이 살아나고 솟아난다. 또 얼이 살아나고 솟아나면 생각이 나고 생각을 하게 된다. 생각이 깊어질수록 얼은 뚜렷해진다. 얼이 뚜렷한 사람은 삶과 정신이 깊어진다. 생각이 깊고 얼이 뚜렷하면 얼굴이 깊고 뚜렷해진다. 씨올은 생각함으로써 하늘의 기운과 바람과 빛을 몸과 마음에 또 얼굴에 담는다. 생각함으로써 씨올은 제 얼굴과 제 마음을 빚는다. 씨올은 제가 저를 만드는 존재다.

사람의 목숨에는 하늘에서 내려오는 말씀의 정신 줄, 얼 줄이 드리워 있다. 목숨命에는 하늘의 명령天命, 말씀이 들어 있다. 목숨을 태워서 생각의 숨을 쉬고 생각의 숨을 쉬어서 하늘 위의 얼 숨(우 숨)을 쉬어야 한다. 목으로 쉬는 숨에서 생각과 말의 숨이 나오고 생각과 말의 숨에서 얼 숨이 나와야 한다.

씨올의 삶에서 시간적으로 과거, 현재, 미래가 통하고 하늘과 땅이 통해야 한다. 과거와 현재와 미래의 시간이 통한다는 것은 내가 때의 주인이 된다는 것을 뜻한다. 하늘과 땅이 통한다는 것은 내가 하늘과 땅의 주인이 된다는 것을 뜻한다. 때와 우주의 주인이 되려면 나의 몸과 맘과 얼이 줄곧 뚫려 있어야 한다. 숨이 줄곧 뚫리고 몸이 입에서 꽁무니까지 줄곧 뚫리고 맘의 생각과 감정이 하나로 줄곧 뚫리고, 얼이 하나로 뚫려서 하늘과 땅 끝까지 하나로 통해야 한다.

줄곧 뚫려서 생명 줄과 정신 줄을 잡고 살려면 내 속의 속이 비워지고 통해야 한다. 내 속을 비우고 통하려면 나의 욕심과 집착, 삿된 감정과 편견을 하나의 점으로 줄이고 그 점을 찍어서 없애야 한다. 끊임없이 나를 찍어서 비워 버림으로써 내 속의 중심에 하늘의 생명기운이 통하고 하늘의 생명바람이 불게 해야 한다. 내 속에 하늘의 생명기운이 줄곧 통하고 하늘의 생명바람이 줄곧 불어올 때, 생명 줄과 정신 줄을 잡고 살 수 있다. 생명 줄과 정신 줄을 든든히 붙잡고 살 때 몸과 맘과 얼이 하나로 통하고 몸은 성하고 맘은 놓이고 얼은 불타서 솟아올라 앞으로 나가는 삶을 살 수 있다.

줄곧 뚫려서 과거와 현재와 미래의 생명이 하나로 통하고 하늘과 땅이 하나로 통하는 사람은 개인적이면서 공동체적인 삶을 살게 된다. 그는 누구보다 개성적이고 창조적인 삶을 살 것이고 그의 삶과 감정과 생각은 뭇 사람들에게 깊은 울림과 공감을 일으킬 것이다. 줄곧 뚫린 사람은 위로 하늘과 통할 뿐 아니라 옆으로 이웃, 만물과 통한다. 위로 통하고 이웃과 통하는 사람은 공동체 세상을 이루어 간다.

씨울은 약육강식과 폭력에서 상생과 공존의 평화로 나가는 생명진화의 길, 생각하는 주체로서 서로 주체가 되는 사람됨의 길, 자기를 넘어서 하늘의 하나 됨에 이르는 얼과 신의 길을 간다. 약육강식과 폭력에서 상생과 공존의 평화로 나가는 생명진화의 길을 완성하려면 생각함으로써 스스로 하는 주체가 되고, 말을 배우고 익힘으로써 서로 주체가 되는 공동체를 이루어야 한다. 서로 주체가 되는 공동체를 이루려면 자기를 넘어서 하늘의 없음과 빔(빈탕한데)에서 얼과 신으로 하나가 되는 늘 삶永生에 이르러야 한다.

10장

씨을운동과 씨을누리

오늘의 시대는 생태학적 시대요, 인터넷 시대다. 생태학적 시대는 하나의 생명체가 전체 생명과 감응하고 공명하는 시대이고 인터넷 시대는 한 사람이 모든 사람과 연결되고 소통하는 시대다. 오늘의 시대는 민주시대다. 한 사람 한 사람이 주主가 되는 시대다. 지금은 씨올의 시대, 씨올운동의 시대다. 밑바닥 씨올들이 하는 만큼 되는 시대다. 씨올들이 하지 않아서 그렇지 하기만 하면 막을 자가 없고 하기만 하면 하는 만큼 이루어지는 때다. 스스로 생각하고 이치에 따라 판단하고 결정하여 행동하면 씨올이 세상의 주인이 되는 때가 온 것이다.

씨올 한 사람 속에 자연생명보다 깊은 마음이 있고 우주보다 높은 얼이 있다. 씨올 속에 전체 우주가 들어 있다. 씨올 운동은 씨올의 꿈틀거림이다. 꿈틀거림은 꿈을 트고 생명과 얼의 꽃을 피우고 열매를 맺는 것이다. 씨올의 알맹이가 꿈틀거려서 싹이 트고 꽃이 피고 열매가 맺는다. 씨올의 꿈틀거림이 우주의 꿈틀거림이다. 씨올 하나가 바뀌면 우주 세상이 바뀐다. 한 사람의 마음, 한 사람의 생각, 한 사람의 말, 한 사람의 행동이 바뀌면 세상도 바뀐다.

씨올 시대는 하나의 씨올이 전체와 감응하고 소통하고 이어지는 시대다. 씨올 하나가 세계 안에 있고 세계가 씨올 안에 있다. 사람 속에 세상 전체가 들어 있고 세상 전체 속에 사람이 있듯이 사람이 하는 일도 세상 전체와 연결되어 있다. 누가 무슨 일을 하든지 그 일 속에는 사람들과 물건들과 세상이 결합되고 연결되어 있다. 청소를 하든, 글을 쓰든, 요리를 하든, 상품을 만들든 그 일 속에는 사람들과 물건들과 세상 전체가 참여하고 그 일 속에서 수많은 세계가 열린다. 유영모의 말대로 사람이 하는 일 속에 '수많은 큰 하늘의 세계'三千大天世界가 열린다.

내가 나가 되고 너를 너로 섬기는 운동

씨올운동은 생명운동이다. 생명은 스스로 하는 것이다. 생명운동은 서로 주체가 되는 운동이다. 내가 나로 되고 너가 너로 되는 운동이다. 씨올의 생명운동은 내가 나로 되는 데서 시작한다. 탐욕과 노여움(사나운 감정)과 어리석음(편견과 고집)에 사로잡혀 거짓 나가 나를 지배한다. 거짓 나의 교만과 허영, 거짓과 게으름 속에서 나는 나를 잃고 너를 너로 보지 못한다. 거짓 나가 지배하면 내가 나로 될 수 없고 남을 남으로 주체로 볼 수 없다. 그러므로 먼저 거짓 나에서 벗어나 내가 참된 나로 되는 일이 이루어져야 한다. 내가 나가 될 때 비로소 남을 남으로 주체로 볼 수 있기 때문이다.

욕심과 미운 감정과 고정관념에 사로잡혀 있으면 나 자신을 바로 보지 못할 뿐 아니라 남을 있는 그대로 볼 수 없다. 바라보는 시선 자체가 남을 왜곡한다. 이것을 바라봄의 폭력이라고 한다. 바라봄의 폭력에서 벗어나 주체와 주체로 만날 때 비로소 정의와 평화의 삶이 시작된다. 불의와 폭력에 의해 희생된 억울한 사람을 그 사람의 자리에서 이해하지 않으면 정의와 평화의 길을 찾을 수 없다. 억울한 희생자가 주체로 존중될 때 불의와 폭력에서 벗어날 수 있다. 씨울운동은 억울한 희생자, 짓밟힌 낙오자의 주체와 혼을 발견하고 깨워 일으키고 스스로 서게 하는 운동이다.

사회정의를 실현하기 위해 가장 먼저 할 일은 사회 구성원의 권리와 몫을 찾는 일이 아니다. 그것은 사회정의 실현에 2차적인 일이다. 사회 자체가 불의하고 폭력적일 때 불의와 폭력의 사회질서 안에서 권리와 몫을 공정하게 나누는 일은 근본적인 과제가 아니다. 사회의 불의와 폭력으로 희생당하는 사람들을 찾아서 그들을 주체로 세우고 사회의 구성원으로 회복시키는 일이 1차적이고 근본적인 일이다. 사회의 불의와 폭력을 바로

잡는 일이 먼저 이루어져야 하고 그 불의와 폭력으로 희생당한 사람을 구하는 일이 먼저다.

사회정의를 실현하고 권익을 쟁취하는 운동은 생명운동에 근거해야 한다. 생명은 권리와 이익보다 근원적인 것이다. 권리와 이익은 사회질서와 행위와 관계 속에서 주어지고 만들어진 것이지만 생명은 사회 이전에 주어진 것이다. 권리와 이익은 사회의 법과 질서 속에서 주어진 것이고 생명의 주체인 나는 사회의 법과 질서의 주인과 목적으로서 권리와 이익 이전에 존재한다. 생명의 주체인 나가 법과 질서의 주인과 목적으로서 자유와 존엄을 누리지 못하면 권리와 이익의 주인과 주체가 될 수 없다. 그러므로 권익투쟁에 앞서 생명의 주체인 나와 너의 자유와 존엄을 확보해야 한다.

서구사회에서 흔히 법과 권리와 정의Rights, Rechts가 같은 말 뿌리를 갖고 있는 것은 서구사회가 권익투쟁을 중심으로 형성되고 발전되었음을 나타낸다. 그러나 권익투쟁만으로는 진정한 생명의 정의에 이를 수 없다. 생명의 정의가 사회정의의 토대이기 때문에 생명의 정의가 이루어지지 않으면 사회정의도 이루어질 수 없다. 그러므로 권익투쟁은 반드시 생명의 주체인 '나'의 자유와 존엄을 전제해야 한다. 서로 주체로서 존중하지 않으면 권익투쟁은 투쟁으로 그치고 진정한 정의에 이를 수 없다. 서로 주체로서 인정하고 서로 존중하며 만날 때 권리와 몫을 찾는 문제도 공정한 해결의 실마리를 찾을 수 있다.

　지위(일자리), 재화, 명예를 적합한 사람에게 배분하는 원칙보다 생존의 필요에 따라 배분하는 원칙이 더 중요하게 적용되어야 한다. 일자리가 필요한 사람에게 일자리를 제공하고 돈이 필요한 사람에게 돈을 주어야 한다는 원칙이 능력과 업적에 따라 분배하는 원칙보다 더 존중되어야 한다. 배우, 가수, 운동선수들이 1년에 수백억 원의 수입을 얻는 반면 다수의 민중은 생계를 유지하기도 어렵다면 이것은 돈이 공정하게 효율적으로 분배되었다고 할 수 없다. 대중의 인기를 얻는 사람들이 평범한 보통사람들보다 더 많은 수익을 얻을 수 있다. 큰 기업체의 사장이나 임원이 일반사원보다 많은 연봉을 받을 수 있다. 노동의욕과 사업의욕을 고취하고 자발성과 헌신성을 높이기 위해서 경쟁과 격차가 장려되고 허용될 수 있어야 한다. 그러나 그 격차가 대다수 민중의 삶을 견디기 어려울 만큼 고통스럽게 하고 사회공동체의 정신적 유대와 안정성을 해칠 만큼 벌어진다면 그 격차는 허용될 수 있는 범위를 벗어난 것이다. 나라의 국민들이 그들과 함께 '우리나라'라고 느낄 수 있는 한도 안에서 임금격차와 소득격차를 허용할 수 있을 것이다. 공동체적 연대감을 유지하는 일과 노동생산성과 경쟁력, 노동의욕과 헌신성을 고취하는 일이 균형과 조화를 이루어야 할 것이다.

　씨올운동은 그 균형과 조화의 가운데 길을 찾자는 것이다. 개인과 개인, 집단과 집단, 여당과 야당, 경영진과 노동자 사이의 갈등과 대립을 풀기 위해서 가운데 길을 찾아야 한다. 어느

227

한쪽의 일방적인 승리는 상대의 패배를 의미한다. 현대의 민주 산업사회에서는 상대를 거꾸러트리고 죽이면 나도 함께 거꾸러지고 죽게 되어 있다. 노동자를 죽이고 경영자가 성공할 수 없고 경영자를 죽이고 노동자들이 잘 살 수 없다. 따라서 상생과 공존의 길을 찾는 수밖에 없다. 서로 적합한 지위와 몫을 인정하고 양보하는 지혜가 필요하다. 서로 맞서 싸우면서도 대립과 갈등과 모순을 넘어서 서로 주체로 만날 수 있는 가운데 길을 찾는 것이 현대사회의 지혜다.

서로 살리고 더불어 사는 가운데 길은 어떻게 찾을 수 있을까? 우선 입장을 바꾸어 놓고 생각해 보는 것이다. 남의 자리에서 남을 위해서 생각해 보면 남의 처지와 형편을 이해할 수 있다. 이것을 역지사지易地思之라고 한다. 입장을 바꾸어 놓고 생각하는 것은 상대를 타도할 대상으로 생각하는 것이 아니라 상대를 이성과 영성을 지닌 주체로 존중하고 받드는 것이다. 상대가 인격과 양심을 가진 주체임을 인정하고, 상대가 그런 주체로서 생각하고 판단하고 결정하고 행동할 수 있도록 길을 열어 주는 것이다. 씨올운동은 상대의 입장과 처지에서 깊이 생각함으로써 서로 사람답게 살 수 있는 가운데 길을 찾는 운동이다.

상대를 주체로 존중한다고 해서 상대의 주장에 쉽게 타협하거나 굴복하는 것은 아니다. 상대의 불의하고 무리한 주장을 받아들이지 않는 것이 상대를 존중하고 나를 지키는 것이다. 상대의 강압과 폭력에 굴복하지 않고 상생과 공존의 길을 찾는 것이 성숙한 것이다. 서로 성숙해지고 사람답게 되고 서로 이성적이고 영성적인 존재임을 입증하기 위해서, 입장을 바꿔 놓고 생각하는 것이고 서로 살림과 더불어 사는 가운데 길을 찾는 것이다. 대화와 협력, 토론과 맞섬을 통해서 함께 갈 수 있는 공공의 영역을 넓히고 가운데 길을 열어 가야 한다.

자기를 넘어서야 지도자가 된다

어떤 자리에서 어떤 일을 하든지 주체로서 전체의 마음으로 일을 해야 한다. 일과 자리와 사람이 서로 얽혀 있기 때문에 일선에서 일하는 사람이 전체 일을 망칠 수 있고 많은 사람에게 해를 끼칠 수 있다. 사소해 보이는 작은 일을 하는 사람도 주체로서 자유를 가지고 전체 하늘의 마음으로 힘과 정성을 다해서 일을 해야 한다. 한 사람의 부정과 부패는 그 사람만의 부정과 부패로 그치지 않는다. 반드시 다른 사람들의 삶과 일과 정신에 영향을 끼친다. 많은 사람들이 조금씩 부정과 부패에 물들어 있으면 바르고 곧은 사람도 부정과 불의를 물리치기 어렵다. 한 사람이 많은 사람의 부정과 불의를 바로잡으려면, 혁명적인 노력과 희생을 치러야 한다. 거짓 나와의 싸움에서 지면 저도 모르게 한 발자국씩 부정과 부패의 늪으로 빠져들 것이고 거짓 나와의 거룩한 싸움을 싸워서 자기를 이기고 위로 솟아오

르면 저도 모르게 한 발자국씩 부정과 부패의 늪에서 벗어날
것이다.

높은 자리에서 많은 사람을 이끄는 지위에 있는 사람은 더
욱 철저한 책임과 의무가 요구된다. 자기를 넘어서 자기를 이길
수 없는 사람은 높은 공직을 맡아서는 안 된다. 장관이나 대통
령, 국회의원이 사욕에 빠져 사리를 탐하면 나라를 망칠 수 있
다. 자기에게서 자유로울 수 있는 사람, 이해타산과 생사의 두
려움에서 자유로울 수 있는 사람만이 나라 일을 지휘할 수 있
다. 개인과 집단의 이익과 주장에서 자유로울 수 있는 사람만
이, 나라 전체의 자리에서 전체를 위해 생각하고 판단하고 결정
하고 행동할 수 있다. 개인과 집단의 이해관계에 휘둘리는 사람
은 다른 사람들을 이끌어 나라 일에 헌신하게 할 수 없다. 자기
를 놓고 버릴 수 있는 사람, 자기를 비우고 죽일 수 있는 사람이
아니고는 많은 사람들을 지휘하는 자리에 서지 말아야 한다.
전체의 마음을 품은 참 나에 이른 사람만이 공적인 일에 나설
수 있다. 전체의 마음을 체험하지 못한 사람이 전체를 대표하
는 자리에 서면 자신도 망치고 남도 망치게 된다.

대통령이나 장관, 국회의원은 역사의 흐름과 세상의 변화를
뚫어 볼 수 있는 안목을 가져야 한다. 역사의 큰 흐름과 방향
을 아는 사람만이 나라를 옳은 방향으로 이끌 수 있고 세상의
변화를 아는 사람만이 나라를 안전하고도 융성하는 길로 이끌
수 있다. 오늘의 지도자는 국가주의에서 세계주의로 나가는 역

사의 길목에서, 주변 강대국들의 대립과 갈등 속에서 남북분단을 넘어 평화통일의 길을 열어 갈 수 있어야 한다. 남북분단을 극복하고 평화통일을 이룬 후 동아시아의 평화와 번영을 이루어 가려면 미국과 중국과 일본과 러시아 사이에서 균형을 잡으면서 가운데 길을 찾아가야 한다. 이해관계가 대립되는 강대국들 사이에서 가운데 길을 찾아가려면 주체적인 역량과 함께 현실에 대한 깊은 이해를 가지면서 강대국들 사이에서 균형추 역할을 하는 지혜를 지녀야 한다. 이를 위해서는 미래에 대한 큰 비전을 가지면서 현실에 대한 깊은 통찰과 함께 주체적인 역량과 굳은 신념이 요구된다. 무엇보다도 전체의 마음을 가지고 국민 전체를 설득하여 함께 갈 수 있는 소통과 설득의 지도력이 요구된다.

참된 민주화: 인터넷과 영성적 자각

씨올운동은 씨올인 민이 주체가 되어 주체로 사는 운동이다. 돈과 권력 없는 씨올이 어떻게 실질적으로 국가의 주인과 주체가 될 수 있을까? 씨올은 주체적 각성과 연대를 통해서 국가의 주인과 주체가 될 수 있다. 돈과 권력을 지닌 지배 세력은 물질적 유혹과 위협을 통해서 씨올들을 약화시키고, 기득권 세력이 사회 대중 조직을 장악함으로써 씨올들을 지배한다. 만일 씨올이 자신의 이성과 영성을 깨닫기만 한다면 물질적 유혹과 위협에 굴복하지 않을 것이고, 자신들의 조직에서 소외되지 않을 것이다. 자신이 이성과 영성을 지닌 존재임을 깨닫고 이성과 영성에 따라 살면 씨올은 자신의 삶과 사회 조직의 주체가 될 수 있다.

이성과 얼 생명을 가진 사람은 돈과 힘을 쓰고 부리러 온 존재다. 돈과 물질을 쓰는 것이 사람다운 사람이 되는 길이다. 씨올의 싸움은 돈과 힘의 종이 되느냐, 주인이 되느냐의 싸움이다. 이 싸움에 인류의 미래가 달려 있다. 돈과 물질의 힘에 굴복하면 생명진화와 민족의 역사는 허무에 빠지고 돈과 물질의 주인과 주체가 되면 생명진화와 역사의 꽃과 열매가 아름답고 풍성하게 맺힐 것이다.

이성과 영성의 자각은 한 사람 한 사람의 정신 속에서 이루어지더라도 자각된 이성과 영성은 한 사람 한 사람을 공동체적 전체의 삶으로 이끈다. 이성은 보편적이고 영성은 전체적이기 때문이다. 따라서 자각한 사람은 전체의 자리에서 생각하고 행동한다. 개체로서의 씨올은 약하다. 그러나 단합된 전체로서의 씨올은 강하다. 씨올이 하나의 전체로 움직일 때 씨올을 이길 수 있는 세력은 없다. 이성과 영성을 자각한 씨올은 참된 주체이면서 전체로서 생각하고 행동한다. 이성과 영성의 자각이 없으면 진정한 민주화도 없고, 연대와 협력을 통한 전체의 하나 됨에 이를 수도 없다.

인터넷과 통신, 생명공학과 나노공학의 기술적 혁명이 일어나고 있다. 인터넷과 통신 기술 혁명은 지식과 정보와 생각을 함께 나누는 하나의 공동체 속으로 인간을 몰아넣고 있다. 네 생각 내 생각이 따로 없는 세상이 되고 있다. 마치 세계가 한 몸처럼 움직이고 있다. 허신행 전 농림부장관은 한 몸 사회가 가까이 오고 있으며 한 몸 사회는 바른 깨달음正覺을 요구한다고 하였다. 오늘의 사회는 우리에게 이성과 영성을 자각하고 전체의 자리에서 전체로서 생각할 것을 요구한다.

오늘날 인류는 인터넷과 통신기술의 발달로 동시에 전 세계와 접촉하고 소통할 수 있게 되었다. 페이스북, 트위터, 이메일을 통해 생각과 뜻, 일과 사건을 수많은 씨울들에게 신속히 전할 수 있다. 인터넷 사이트나 카페를 통해서 다수의 씨울들이 모여서 생각을 나누고 뜻을 모을 수 있다. 오늘날 정치운동이나 독재체제 아래서의 민주화운동은 인터넷을 통해서 불이 붙여지고 힘이 결집되고 있다. 인터넷을 통해서 씨울들이 서로 생각과 뜻, 돈과 힘과 관심을 나누고 함께 생각하고 함께 결정하고 함께 행동한다. 인터넷에서 개인은 더 이상 홀로 있는 개인이 아니다. 개인이 더불어 생각하고 행동하는 전체로 움직인다. 인터넷에서 씨울은 인터넷 그물망을 통해서 하나로 이어지고 소통한다. 한 씨울의 생각은 더 이상 한 개인의 생각으로 그치지 않는다. 한 씨울의 결정과 행동은 한 씨울의 결정과 행동으로 머물지 않는다. 한 씨울이 전체가 되고 전체가 한 씨울에게 이어져 있다.

인터넷에서 한 사람의 창조적이고 독특한 생각이 많은 사람들을 움직여 간다는 점에서 개성적이고 영감적인 생각이 매우 중요하다. 이것은 본능적으로 움직이는 곤충들의 무리지성과도 다르고 집단적으로 움직이는 철새 떼나 물고기들과도 다르다. 개인의 지성과 영성이 깊을수록 개인의 생각이 전체를 크게 움직이고, 전체의 정신과 뜻이 고양될수록 전체의 생각이 개인의 마음을 깊이 움직인다. 사람의 경우에는 개인의 주체적 깊이와 전체의 공동체적 '하나 됨'이 일치한다. 따라서 이것을 전체지성, 또는 공동지성이라고 부르는 것이 옳다.

전체의 공동지성이 인터넷을 이끌어 가게 해야 한다. 돈이나 정치권력이 인터넷 공간을 통제하거나 지배하지 못하게 해야 한다. 인터넷은 씨올들이 서로 배우고 깨닫고 함께 생각하고 판단하고 뜻과 힘을 모으는 자유로운 마당이 되어야 한다. 씨올들이 스스로 그리고 함께 새 세상을 꿈꾸고 펼쳐가는 마당으로 인터넷은 늘 열려 있어야 한다. 씨올들의 삶과 정신이 아름답고 성숙한 만큼, 인터넷은 깨끗하고 아름다운 공간이 될 것이다. 씨올들의 공동지성이 인터넷을 정화시켜 소중하고 성숙한 어울 마당으로 만들어 갈 것이다.

민을 세우는 종교와 문화

씨올운동은 나라의 토대이며 주체인 민을 중심에 세우는 운동이다. 민이 주체가 되고 중심에 서는 것이 나라의 진리이고 정의다. 민을 주체로 세우고 중심에 서게 하는 것이 나라의 근본을 세우는 것이다. 민이 참으로 정치와 문화, 종교와 예술의 주인과 주체가 되고, 생산과 소비의 주인과 주체가 되어야 한다. 종교인들, 스님과 목사와 신부는 평신도들이 믿음의 주체가 되도록 섬겨야 한다. 스스로 하나님을 만나고 스스로 믿고 스스로 진리를 깨닫고 스스로 이해하고 스스로 말하고 스스로 행동하게 이끌어야 한다. 참된 종교와 신앙, 참된 깨달음과 삶은 영혼이 힘 있게 살도록 하는 것이다. 영혼이 힘 있게 산다는 것은 남의 보호와 지도 없이 스스로 기쁘고 보람 있고 넉넉하게 사는 것이다.

그렇다면 성직자들은 교인들을 교회에 붙잡아 놓고 얽매는 게 아니라 풀어 주고 놓아 주어야 한다. 교회에서 성직자가 교인들을 가르치고 이끄는 목적은 자주독립하는 신앙인을 기르기 위한 것이다. 그러므로 종교기관에서 훈련을 받은 교인들은 교회 생활을 졸업하고 독립하는 것이 옳다. 교회 밖에서도 신앙생활을 할 수 있으며 성숙하고 자립적인 신앙생활은 교회 밖에서 제대로 할 수 있다. 하나님은 교회 밖에도 계시기 때문이다. 만일 신도들이 교회를 떠나는 것을 두려워한다면 교회 밖에 하나님이 있다는 것을 부인하기 때문이다. 이것은 또 하나의 무신론이다.

석가는 자기 안에 있는 탐욕과 노여움과 어리석음을 없애고 자기의 깊은 속에 불성이 있음을 깨달으라고 했다. 석가의 형상을 만들어 거기 절하게 하는 것은 석가의 뜻이 아니다. 예수는 오직 '참과 얼'로 하나님을 예배하라고 했다. 예수는 성전을 뒤집어엎고 대제사장에게 잡혀 죽었는데, 예수를 따른다는 기독교가 크고 화려한 예배당을 짓고 성직자를 세우는 것이 웬 말인가? 신부, 목사, 스님이 양심이 있다면 예수와 석가의 가르침으로 돌아가도록 교인들을 가르쳐야 한다. 그것이 섬기는 종교다.

건전하고 좋은 문화가 육성되도록 민이 문화를 형성하고 이끄는 중심에 서게 해야 한다. 소설과 시, 그림과 조각, 음악과 춤이 민을 주체로 세우는가 아니면 민을 물질과 탐욕, 기득권과 이데올로기에 예속되게 하는가? 민을 부끄럽게 하고 모독하고 업신여기는 예술과 문화는 거짓된 것이고 사악한 것이다. 기득권을 옹호하고 지배세력을 찬양하는 예술과 문화는 음란한 것이다.

민의 생명을 살리고 영혼이 솟아오르게 하고 정의와 사랑과 평화가 실현되게 하는 예술과 문화가 진실하고 건강한 것이다. 세계평화와 통일의 새 시대, 새 문명을 여는 예술과 문화는 산 것이고 새 역사에 참여할 수 있다. 민의 생명과 혼을 살리고 세우려면 겸허하게 민의 심정과 처지에서 민에게 배우고 민을 섬기고 민의 삶과 혼과 소리를 전해야 한다. 이 시대의 참 예술과 문화는 민의 생명과 혼과 소리를 듣고 드러내고 전하는 것이다.

민이 주체가 되는 정치와 경제

정치에서도 민은 주체가 되고 중심이 되어야 한다. 정치인은 물론 민을 대리하고 대표해서 민의 뜻을 받들고 섬기겠다고 나선 사람들이다. 정치인은 당연히 민이 부끄러운 삶을 살지 않게, 민을 어른으로 주체로 섬기고 받들어야 한다. 그러기 위해서는 정치인은 말부터 가려 써야 한다. 왕과 지방관을 어버이로 알고 백성을 어리고 어리석은 아이들로 보는 봉건시대의 말버릇을 민주시대에도 버리지 못하는 것은 나라의 주인이고 어른인 국민을 모독하고 부끄럽게 하는 짓이다. 국민의 상처받은 마음을 '위로하고 어루만진다'慰撫든지 '달랜다'고 하는 말은 국민이 듣기 거북한 말이다. 이것은 국민을 철부지 어린애로 보는 말버릇이다.

진보나 보수를 막론하고 상대를 공격할 때 '포퓰리즘'populism이란 낙인을 찍어 비난하는 것도 결국 다수의 국민 대중을 욕하는 것이 된다. '포퓰리즘'은 나쁜 의미로는 '대중의 인기에 영합하는 행태나 주장'을 나타내는 말이며, 중립적으로는

'대중의 여론을 따르는 행태나 주의주장'을 뜻한다. '주의'가 든 말이 흔히 나쁜 의미를 지닌 말로 쓰이는 경우가 많기는 하지만 국민대중 또는 인민대중을 지칭하는 말에 나쁜 뜻을 담아서 쓰는 것은 나라의 주인이고 주체인 국민에 대한 예의가 아니다. 국민대중의 여론이나 뜻을 따르다가 잘못된 경우가 있을 수 있다. 그러나 그렇다고 국민대중의 생각과 뜻을 따르는 것이 잘못된 것이라고 낙인찍는 것은 반민주적이고 국민 모독적인 짓이다. 국민대중의 여론과 생각과 뜻을 당연히 따르고 받드는 것이 정치인과 지식인의 바른 자세다. 포퓰리즘이란 말을 아예 쓰지 말든지 쓰려면 좋은 의미를 담은 긍정적인 말로 써야 할 것이다.

경제사회의 기업인들도 민을 존중하고 주체로 중심에 서게 해야 한다. 민이 경제의 주체와 중심이 되려면 경제활동과 기업활동이 민주화되어야 한다. 경제활동과 기업활동의 민주화는 모든 독점과 특권의 폐지를 의미한다. 경제활동에서 모든 불공정행위가 금지되어야 한다. 재벌의 구조와 관행과 행태가 독점과 특권과 불공정한 관계에 근거한 것이라면 혁파되어야 한다. 독점과 특권과 불공정은 경제활동과 기업활동의 자유와 창의와 효율을 해치기 때문이다.

경제활동과 기업활동은 그 자체가 목적이 아니라 인간의 공동체적 삶과 정신적 성숙을 위한 것이다. 인간은 먹기 위해 사는 존재가 아니라 살기 위해 먹는 존재이다. 경제는 인간의

삶을 위한 것이고 인간의 삶은 정신문화와 정신의 성숙을 위한
것이다. 기업은 경영철학과 경영윤리, 기업의 사회책임윤리를 확
립해야 한다. 기업의 목적이 이윤추구를 넘어서 공익의 실현,
인류사회의 평화와 번영을 지향해야 한다. 기업인들이 경제논
리, 생산의 효율성, 이익의 극대화만을 추구한다면 공동체는 깨
지고 민은 노예화하고 사회의 나락으로 떨어진다. 공동체가 파
괴되고 민의 삶이 황폐해지면 기업도 설 자리가 없다. 국가와
문명이 무너지면 기업도 무너진다.

정치와 경제를 논할 때, 반드시 도덕과 종교의 가치와 진리
도 함께 논해야 한다. 윤리도덕의 가치와 정신·영혼의 진리를
외면한 정치와 경제는 제대로 발전할 수 없다. 종교와 도덕을
무시한 정치와 경제가 당분간은 효과적이고 능률적으로 돌아
갈지 모르지만, 결국 그런 정치와 경제는 그 중심과 토대가 무
너지게 된다. 착하고 아름다운 마음을 가진 사람은 없어지고
못되고 사나운 인간들만 남아서 하는 정치, 경제가 바로 될 리
가 없다. 정신과 영혼이 고장 난 메마른 인간들이 무슨 정치를
하고 경제 기업을 바로 세울 것인가? 서양에서는 중세의 무지
한 종교와 낡은 도덕에서 벗어나기 위해 한때 도덕과 종교에서
독립한 정치와 경제를 말하는 경향이 있었다. 그러나 도덕과 종
교를 무시하고 인류 사회가 설 수 없듯 정치와 경제가 도덕과
종교를 외면하는 것은 어리석은 일이다.

경제정의: 세금과 자발적 나눔

자유 시장경제 체제에서 경쟁하면서 이윤추구 활동을 하면 당연히 빈부격차가 생기게 마련이다. 빈부격차는 어느 정도까지 허용될 수 있을까? 빈부격차가 너무 커서 사회공동체를 지탱할 수 없다면 그런 빈부격차는 허용될 수 없다. 사회공동체를 지탱할 수 없다는 것은 어떤 상태를 말하는가? 사회공동체를 구성하는 한 사람 한 사람이 생명체로서, 인간으로서 최소한의 품위를 가지고 떳떳이 살 수 없을 때 공동체는 지탱될 수 없다. 공동체 구성원들끼리 삶과 정을 나누고 살 수 있는 최소한의 물질적·경제적 토대를 가지지 못할 때 공동체는 지탱될 수 없다. 대다수의 사회 구성원들이 특권적 부유층에 대해서 최소한의 공동체적 연대감을 느끼지 못하고 이질감과 적대감을 느낄 때 공동체는 지탱될 수 없다. 가난한 민중이 대통령과 장관들, 재벌 총수, 특권적 부자들을 같은 나라 사람으로 느낄 수 없을 때 나라는 지탱될 수 없다.

공동체 구성원들의 공동체적 연대감이 사라지고 인간다운 삶을 살 수 있는 기본조건이 파괴된 사회는 정의로운 사회라고 할 수 없다. 공동체의 생존을 위해서 정의롭고 공정한 사회를 이루어야 한다. 불의하고 불공정한 빈부격차를 바로잡는 몇 가지 방법이 있을 것이다. 첫째, 독점과 특권, 불공정한 관행과 투기, 부정과 부패를 통해 지나친 이익과 부를 얻는 것을 방지해야 한다. 경제적 약자를 억압하고 희생시켜 부를 얻는 불공정한 행태를 금지시켜야 한다. 법과 질서를 존중하며 공정하게 경제활동을 함으로써 경제활동의 이익과 부가 고루 돌아가게 해야 한다.

둘째, 국가가 법으로 세금을 강제하는 것이다. 공동체의 관점에서 그리고 도덕적인 관점에서 부자에게 많은 세금을 거두는 것은 자연스럽고 당연한 것이다. 가족의 생활과 정신의 고양을 위해 필요한 것보다 지나치게 많은 돈을 가진 사람들에게서 세금을 거두어서 최소한의 생활비가 부족한 사람들에게 혜택이 돌아가게 하는 것은 지극히 당연하고 자연스러운 일이다.

다만 부자들에게 세금을 많이 거둘 경우에 사회의 경제활동과 기업활동이 활력을 잃고 노동 의욕이 떨어질 수 있다. 기업의 경쟁력과 경제활동의 활력, 노동의욕이 유지되는 한에서 세금을 거두어야 한다. 이를 위해서는 부자들을 포함한 사회구성원들이 많은 세금을 내서 공동체의 복지와 번영을 이루어야 한다는 데 대한 사회적 합의가 이루어져야 한다. 기꺼이 그리고 당연히 세금을 내야 하고, 많은 세금을 내는 것이 명예로운 일이라는 데 대한 사회의 공감대가 형성되어야 한다. 그러나 세금만으로는 공동체적 사회정의를 충분히 이룰 수 없다.

셋째, 특권적 부자들이 자신들의 이익과 부를 자발적으로 적극적으로 사회에 환원하고 나누어야 한다. 부자들도 생명의 길, 사람 됨의 길, 영원한 얼 생명의 길로 가야 하고 갈 수 있다.

자신과 자신의 가족에게 필요한 만큼만 자신의 것이고 나머지
는 사회의 것이라는 생각을 할 수 있어야 한다. 필요 이상으로
지나치게 많은 부는 자신과 자기 가족의 정신을 반드시 해친
다. 다석은 "있을 것이 있을 곳에 있는 것이 참이고 선이고 아
름다움"이라고 했다. 돈이 필요한 곳에 쓰이지 못하고 엉뚱한
곳에 쓰이면 반드시 탈이 나고 만다. 절실하고 시급하게 돈이
필요한 곳이 있는데 돈을 움켜쥐고 쌓아 두기만 하면 제대로
쓰이지 못한 돈이 반드시 해코지를 하고야 만다. 그러나 자기에
게 넘치게 많은 것을 꼭 필요한 사람과 사랑으로 나누면 보람
있고 기쁘고 힘이 나며, 서로 복된 길로 가게 된다.

씨올운동은 정의를 실현하는 운동이다

씨올운동은 생명평화운동이다. 생명이 곧 평화이고, 생명운
동이 평화운동이다. 생명과 평화는 사랑과 정의 속에서 실현되
고 완성된다. 사랑은 생명의 근원이고 내용이며 힘이다. 생명은
사랑 안에서 힘 있고 자라고 완성된다. 사랑 안에서 생명은 충
만하다. 사랑은 생명의 본질과 본성이므로 사랑과 생명은 분리
될 수 없다. 사랑은 인간 씨알맹이의 내용이고 얼은 인간 씨알
맹이의 주체다. 생명의 본성인 사랑은 인간 생명의 씨알맹이인
얼을 통해 드러나고 실현되고 완성된다.

정의는 생명을 실현하고 완성하는 참사랑의 조건과 형식이다. 정의는 생명과 인간 정신의 본성인 사랑에서 우러나며 사랑이 요구하는 것이다. 정의는 생명의 주체를 살리고 전체를 실현하고 완성하는 조건이고 방식이다. 옳고 그름, 정의와 불의의 기준은 생명과 인간 정신의 본성인 사랑에 있다. 사랑은 인간 생명의 주체와 전체를 함께 살리려는 것이다. 사랑은 생명의 주체를 살리고, 전체를 온전히 실현하고 완성하는 힘이고, 정의는 그 주체와 전체를 살리고 완성하는 형식이다. 정의는 한 사람의 주체를 살리면서 나라 전체를 실현하는 조건과 방식이다.

정의의 구체적 내용과 형태는 주어진 상황과 시대에 따라 달라지지만 그 기준은 생명과 정신의 본성 속에 주어져 있다. 생명을 살리는 것이 정의이고 생명을 죽이는 것이 불의다. 정의인지 불의인지, 옳은지 그른지를 따질 때 가장 근본적이고 근원적으로 물을 것은 "생명을 사랑하는가, 미워하는가? 살리려는가, 죽이려는가?"다. 전체 생명은 참으로 깊고 크다. 정의는 생명의 깊이와 전체의 자리에서만 실현되고 검증될 수 있다.

주체적인 소비생활

씨올은 소비생활과 생산활동의 주인과 주체로 살아야 한다. 먼저 씨올은 소비생활의 주체가 되어야 한다. 스스로 하는 씨올은 물질과 상품에 휘둘리는 물질과 상품의 종이 아니라 주인이다. 주인이므로 함부로 물건을 쓰지 않고 아껴 쓰고, 알뜰하게 쓴다. 검소하고 소박한 소비생활을 한다. 씨올은 소비생활을 주체적으로 함으로써 건전한 소비생활을 할 뿐 아니라 기업과 사회를 바른 길로 이끈다. 소비자가 왕이라고 하지만 정말로 왕답게 소비생활의 주인과 주체가 되어 세상을 이끌어야 한다.

소비자 주권을 확립하려면 실속 있는 소비생활을 해야 한다. 오염된 먹거리가 사라지고, 의약품의 오남용이 없어야 한다. 부당하게 부풀린 요금이나 가격을 실질적인 가격으로 바꾸어야 한다. 소비자를 속이고 착취하는 모든 관행과 구조가 제거되어야 한다. 유통업자들의 횡포 때문에, 의사들과 약사들과 같은 전문가 집단의 이해관계 때문에 소비자들이 일방적으로 희생을 당해서는 안 된다. 소비자가 눈을 똑바로 뜨고 부당한 소비가격, 소비구조와 관계, 소비관행과 유통구조를 효율적이고 건전한 형태로 바꿔야 한다. 지나친 광고나 왜곡된 정보에 휘둘리지 말고 정치권력이나 대기업에 끌려 다니지 말고 건전한 소비생활양식을 형성해야 한다.

남에게 돋보이려는 허영과 사치에 빠진 소비생활은 속알맹이에 충실한 삶이 아니다. 몸이 편하고 맘이 넉넉하고 얼이 솟아오르는 삶을 추구하는 씨올은 물건의 모양에 매달리지 않는다. 몸에 값비싼 보석을 주렁주렁 달아야 돋보인다고 생각하는 것은 씨올의 생각이 아니다. 보석이나 금붙이가 아니라 몸과 생명, 맘과 정신, 얼과 뜻이 빛나는 사람이 씨울로 사는 사람이다. 밥은 소박하지만 깨끗하고 몸에 알맞게 먹어야 한다. 너무 많이 먹어 병이 나고 너무 적게 먹어 병이 나는 어리석은 생활에서 벗어나야 한다.

한 사람의 소비자가 바르고 건실한 소비생활을 하면 만 사람의 소비자가 건실하고 바른 소비생활을 할 수 있는 모범과 길이 된다. 세상의 모든 소비자들이 하나로 뜻을 모아 가면 기업을 이끌고 사회를 이끌 수 있다. 기업과 홍보매체의 상업적 광고에 흘려 욕심과 허영을 채우는 소비생활을 하면 나와 사회와 세계를 망하게 한다. 수백만 원, 수천만 원짜리 명품을 지녀야 만족하는 사람들이 늘어나면 전쟁과 폭력을 피할 수 없고 부정과 부패를 막을 수 없다. 제 몸과 맘과 얼에 알맞은 소비생활, 나다운 소비생활을 하면 나와 사회와 세상을 살릴 뿐 아니라 기업과 나라를 바로 세우고 이끌 수 있다.

생산자의 주권

씨울은 생산활동의 주체가 되어야 한다. 생산활동의 주체가 되려면 생산자주권을 확립해야 한다. 공장에서 물건을 만들거나 농촌에서 농사를 짓거나 생산자로서 주인의식을 가지고 당당하게 제구실을 해야 한다. 주인의식을 가지고 주체적으로 생산하려면 비정규직이 없어져야 한다. 사람마다 제 할 일, 일할 자리가 있어야 한다. 사람이 사회에서 할 일이 없고 일자리가 없는 것은 사회가 사람을 쓸모없는 존재로 버리는 것이다. 사람을 쓸모없는 존재로, 거추장스런 존재로 버리는 것은 사람을 지은 하늘과 수십억 년 생명진화의 역사를 모독하는 것이다.

사람의 삶은 존귀하고 사람은 뜻과 보람을 누릴 존재다. 사람이라면 누구나 일과 구실을 가져야 한다. 사람은 누구나 하늘로부터 사명을 받은 존재요 보람과 뜻을 찾는 존재다. 따라서 누구나 할 일이 있고 구실이 있다. 나라와 사회는 사람마다 일터와 구실을 갖게 해야 한다. 무슨 일을 하든지 씨올은 힘껏 하고 정성을 다해서 해야 한다. 일을 통해서 생각하는 지성이 발휘되고 얼과 뜻이 드러나야 한다. 그러므로 일은 보람 있고 창조적이어야 한다. 생각과 슬기를 모아서 정성과 뜻을 다해서 지혜와 영감을 가지고 창조적으로 일해야 한다. 그래서 일이 늘 새롭고 발전되고 풍성해져야 한다. 하는 일에서 사람의 얼이 빛나고 슬기가 드러나야 한다.

소비자는 생산자이기도 하다. 생산의 주역인 사람들이 소비의 주역이다. 서로 다른 것을 생산하고 서로 다른 것을 소비하지만 전체로 보면 생산자가 곧 소비자이고 소비자가 곧 생산자이다. 그러므로 소비자와 생산자는 서로 순환하고 교류하는 삶의 연대와 소통 구조를 마련해야 한다. 생산자는 소비자를 위하고 소비자는 생산자를 위하는 삶의 연결망을 마련해야 한다.

서로 있는 것과 없는 것을 나누고 바꾸는 유무상통의 구조와 연대의 틀을 형성해야 한다. 도시의 소비자들은 농촌 생산자들의 삶이 안전하고 지속가능하도록 지원해야 한다. 농촌의 생산자들은 도시의 소비자들에게 깨끗하고 건강한 먹거리를 제공하고 자연의 생명세계에 참여할 수 있는 공간과 기회를 제공해야 한다.

생산노동자는 생산의 주체로서 대접을 받아야 한다. 경제적으로 허락되는 한 좋은 일자리를 마련할 책임이 정치인과 기업인들에게 있다. 사람이 사회에서 일하는 것은 의무이자 권리다. 국민에게서 일할 의무와 권리를 빼앗는 정치와 기업은 악하고 못된 것이다. 또한 정치인과 기업인은 민이 소비자로서 주권을 행사하도록 길을 열어야 한다. 소비자를 바로 섬기는 것이 기업이 성공하는 지름길이다. 소비자와 싸우는 기업은 망한다.

노동자와 소비자로서 민은 나라의 어른과 어버이답게 주인과 주체로서 생각하고 말하고 행동해야 한다. 민은 모든 일에 무한책임을 지는 존재다. 모든 일의 성공과 실패는 결국 민에게 돌아온다. 주인의식을 가지고 어버이 맘으로 생각하고 행동하면 현실적이면서 지혜로운 판단을 하고 처신을 하게 될 것이다. 집안을 망치고 싶은 어버이가 없고 자기 사업을 결딴내고 싶은 주인이 없을 것이다. 주인으로서 민은 상생과 공존의 가운데 길을 열어가야 한다. 이기고 짐, 성공과 실패를 넘어선 사람만이 주인과 어버이로서 서로 살리고 함께 사는 서로 섬김의 삶을 살 수 있다.

대의정치와 자치

오늘의 시대는 민주民主시대다. 헌법에 나라의 주인은 민이고 모든 권력은 민에게서 나온다고 쓰여 있다. 민이 정치와 사회와 경제, 문화와 종교의 주인이고 주체임을 선언하고 확인한 때다. 이제 민이 역사와 사회의 주체임을 입증하고 주체와 주인으로서 민주정신과 이념을 실천해야 한다. 법이나 원리에서는 민이 주체임을 선언하고 확인했으나 아직도 민주주의는 형식적 절차적인 민주주의에 그치고 실질적 내용적으로는 민이 주인과 주체 구실을 못하고 있다. 돈과 권력, 정보지식과 사회적 지위, 제도와 기관을 장악한 소수의 특권층이 사회와 역사를 지배하고 있다.

오늘의 정치는 주로 대의정치다. 민이 선거를 통해서 민의 대표와 심부름꾼으로 국회의원, 시의원, 대통령, 도지사, 시장을 선출하지만 민이 선출한 민의 대표와 심부름꾼들이 민을 대변하지 않는 경우가 많다. 정치인들은 민의 뜻에 충실하기보다 돈과 권력, 제도와 기관을 장악한 사람들의 뜻에 휘둘리기 쉽다. 민을 대표하는 사람들이나 민의 심부름꾼을 자처한 사람들은 민을 섬기는 정신과 자세를 지키도록 힘써야 한다. 민을 섬기는 정신과 자세가 이들을 선출하는 첫째 기준이 되어야 한다.

대의정치로는 민주주의를 실현하는 데 한계가 있다. 어쩔 수 없이 일꾼을 뽑아서 정치를 하게 하더라도 민이 직접 정치의 주인과 주체로서 결정하고 행동하는 직접민주주의가 발달해야 한다. 가능하면 민의 자치영역이 지역적으로, 사회적으로 확장되어야 한다. 민의 자치영역이 확장될수록 대의정치도 제자리를 찾아갈 것이다.

민의 자치가 튼실하게 이루어지려면 사회정치적으로 가능한 한 중개인Broker이 없어야 한다. 민의 자치가 확대된다는 것은 가능한 한 민이 직접 사람들을 만나고 직접 논의하고 대화하면서 주인으로서 결정하고 행동한다는 것을 뜻한다. 정치, 사회, 종교, 문화의 모든 분야에서 그리고 생산자와 소비자 사이의 유통과정에서 중개인과 대리인은 될수록 적어야 한다. 중개인이 민 위에 군림하고 민을 억압하고 착취하고 지배하는 체제는 민주체제가 아니다. 만일 민을 대신하는 전문인력이 필요하다면 민의 이익과 편의를 위해 민을 돕고 섬기는 일에 충실해야 한다. 민주民主가 되려면 민의 일상생활에서 자치생활영역이 확대되고 공동체적 자치생활양식이 확립되어야 한다.

가난한 사람들의 나눔과 섬김

씨올 운동은 가난한 사람들의 나눔과 섬김 운동으로 공동체 세상을 열어 간다. 가난한 사람은 가진 것이 적으므로 삶을 나누고 정을 나눈다. 예수가 보리떡 다섯 개와 물고기 두 마리로 나눔의 기적을 일으켰듯이 가난한 사람들이 삶과 마음이 통하여, 가진 것을 함께 나눌 때 삶의 기적을 일으킬 수 있다. 가난한 사람들이 나눔과 섬김으로 행복하게 살 수 있다는 것을 삶으로 보여 준다면 세상을 바꿀 수 있다. 검소하게 살면서 남을 앞세우고 사랑으로 보람 있는 삶을 사는 사람들이 새 생활양식을 가져오고 새 문명을 지어 간다. 물질보다 정신에서 보람과 기쁨을 누리고 공동체적 섬김과 나눔으로 생명과 영의 구원을 이루어 간다.

씨올 자치생활공동체는 배타적인 것이 아니다. 그것은 부자들과 기득권자들의 참여를 호소하고 초대하는 나눔과 섬김의 공동체운동이다. 검소하면서 서로 나누고 섬기는 삶이 기쁘고 보람 있는 삶임을 보여 주는 운동이다. 나눔과 섬김에서 참되고 영원한 삶의 길이 열린다. 생활 자치 운동은 참과 늘 삶의 길로 스스로 깨어나고 서로 깨워 일으키면서 모두 함께 갈 수 있도록 서로 뜻을 모으고 맘을 모으고 힘을 모으는 운동이다.

이런 열린 생활자치공동체가 나라를 바로 세우고 세계평화를 이루는 토대다. 공동체의 크기와 수준은 주어진 조건과 형편에 따라서 다양하게 정해질 것이다. 공동체의 기본 단위는 각자 자유로우면서 서로 아끼고 돌보며 생각과 인정을 나누고 사귈 수 있도록 정해야 한다. 확대된 가족처럼 느낄 수 있으려면 열둘에서 스무 명을 초과하지 않아야 할 것이다. 확대된 가족이 기초 생활 공동체를 이룬다. 기초 공동체 대여섯 개가 모여서 생각과 뜻을 기르고 나누는 공동체를 이룬다. 이것은 서로 생각을 키우고 뜻을 밝히고 맘을 닦고 얼 힘을 기르는 배움과 익힘의 공동체다. 이런 공동체들이 대여섯 개 모여서 함께 일하고 연대하는 협업과 협동의 마을공동체를 이룬다.

이런 공동체의 형태는 농촌과 도시에서 다른 형태와 방식으로 조직되고 운영될 수 있다. 농촌에서는 생산과 협동을 중심으로 생활공동체를 이루고 도시에서는 주거지와 직장을 중심으로 그리고 동호회와 소모임을 바탕으로 연대와 협력의 그물망을 만들어갈 수 있다. 도시와 농촌에서 주체가 되어 서로 주체로 만나는 협업, 협동, 협력의 공동체 운동을 일으키자.

씨올 자치생활공동체는 한 사람 한 사람의 자발성과 헌신성에 근거하고 자유로운 개성과 창의성을 존중하고 고양시킨다. 씨올사상은 기본적으로 기업과 시장의 자유를 존중한다. 시장과 기업의 자유가 자치생활 공동체와 충돌할 때 공익과 사회정의를 위해 기업과 시장의 자유가 제약될 수 있다. 정의로운 공동체 사회를 지향하는 씨올들의 뜻을 대변하는 정치인들은 시장을 대변하는 기업들과 협의하고 맞섬으로써 공동체와 시장의 균형과 조화를 이루어야 한다.

자본과 기술의 세계화

오늘 인류는 국가와 민족, 종교와 문화의 장벽을 넘어 하나의 세계로 들어가고 있다. 과학기술의 발달로 산업혁명이 일어나고 산업혁명으로 자본 기업주의가 확산되었다. 오늘의 세계화는 자본이 주도한다. 자본은 민족과 국가와 문명의 벽을 넘어서 자유롭게 세계를 하나의 시장체제로 만들어가고 있다. 자본은 낡은 계급과 신분질서를 깨트리고 돈 앞에 만인을 평등하게 만들었다. 돈만 있으면 누구나 왕처럼 대접받으며 살 수 있는 세상이 되었다. 또 돈을 벌기 위해 서로 경쟁함으로써 합리적이고 효율적인 사고와 행위를 하게 되었다. 그러나 돈은 사회를 부자와 가난한 자로 나누고, 새로운 신분 계급과 계층을 만들어 냈다. 돈은 인간의 탐욕과 결합함으로써 탐욕을 확대하고 표현하고 실현하는 도구가 되었다.

더 많은 이윤과 부를 추구한 자본주의에 발맞추어 국가는 합리적이고 효율적인 조직과 체계를 갖고 새로운 기술과 무기로 무장한 강한 군대를 갖게 되었다. 산업과 자본이 뒷받침된 강대국들은 더욱 부강한 나라가 되기 위하여, 자원을 확보하고 상품을 팔기 위해 식민지 쟁탈전을 벌였다. 자본과 기술이 강대국들을 세계전쟁으로 몰아넣었다.

그러나 오늘 자본과 기술이 다시 국가와 민족의 경계를 넘어 인류를 하나의 세계시장체제 속으로 밀어 넣는다. 자본과 기술은 자유롭게 국경을 넘나들며 하나의 세계를 만들어 가고 있다. 자본뿐 아니라 정보와 기술도 하나의 인류, 하나의 세계를 형성해 간다. 인터넷을 통해서 인류는 세계 어디서나 동시에 접촉하고 소통할 수 있다. 교통과 통신의 발달로 세계는 갈수록 가까워지고 있다. 마음만 있으면 인류는 이제 생각과 감정과 뜻을 동시에 나눌 수 있고 생각과 뜻을 모아 함께 행동할 수 있다. 2011년에 중동과 아프리카에서 일어나는 민주화운동도 인터넷을 통해서 생각과 뜻이 알려지고 소통됨으로써 가능했다.

자본과 기술이 열어 놓은 세계화의 길은 세계평화와 통일의 새 문명을 위한 물적·기술적 토대가 될 수 있다. 이 길을 어떻게 이용하는가에 따라서 인류의 미래가 달려 있다. 자본과 기술의 세계화는 인류에게 도전과 기회가 되기도 하지만 그 자체가 인류가 넘어야 할 큰 시련과 장벽이기도 하다. 어쩌면 인류가 넘어야 할 마지막 물질적 장벽일 것이다. 전쟁과 폭력을 써서라도 세계를 지배하고 정복하는 부강한 나라가 되려는 국가주의는 자본과 기술을 바탕으로 제국주의적 세계통일을 지향한다. 이것은 폭력에 의지한 세계화이며, 물질적 탐욕과 지배욕을 실현하기 위한 세계화, 자본과 군사력과 기술의 세계화이다. 국가의 폭력과 탐욕이 자본과 기술을 앞세워 추구하는 세계화는 출구가 막힌 불행한 세계화다. 그것은 인류를 물질의 종으로, 다시 말해 자본과 기술과 폭력의 종으로 끌어내리고, 결국 자연생태계와 함께 인류를 멸망에로 이끈다. 이것은 수십억 년 생명진화와 수천 년 인류역사의 길과 방향을 거스르는 것이다. 생명과 인간의 본성은 씨올이 주체가 되고 목적이 되는 세계화를 요청한다.

씨올의 세계화

씨올의 세계화는 민주화에 바탕을 두고 세계평화와 통일을 이루어 가는 것이다. 씨올의 세계화는 현실의 삶에서 구체적으로 민주화와 생명평화의 운동으로 전개된다. 국가와 사회의 민주화는 자유와 평등, 정의와 평화의 사회로 바꾸어 가는 것을 의미하고 씨올의 연대와 협력의 지평을 세계적으로 확대해 가는 것을 뜻한다. 민주화는 독점과 특권을 배척하는 것이며, 사회복지제도와 참된 인간 교육의 공동체적 토대를 확장해 가는 것이다. 민주화는 서로 다른 사람들이 서로 주체가 되는 과정이다. 서로 주체가 되어 만나고 사귀는 것이 공동체다. 서로 다른 주체들의 자유롭고 평등한 공동체적 삶은 민족과 국가, 종교와 문화의 벽을 넘어 세계화를 지향한다.

민주적이고 공동체적 삶을 확장해 가는 것이 씨올에 의한

세계화의 내용이다. 민주적이고 공동체적 삶은 그 자체가 역사
와 사회의 낡은 전통과 관념들을 깨뜨리고 새롭게 하는 것이며
새로운 삶의 양식을 창조하고 확장하는 것이다. 민주적이고 공
동체적인 씨올의 세계화는 주체적 영성의 깊이를 요구한다. 사
회복지제도와 교육체계를 아무리 완벽하게 마련해도, 민주와
인권과 평등에 관해 아무리 훌륭한 이론과 사상을 만들어 내
도 그것만으로는 민주적인 공동체 생활을 할 수 없다. 유영모
가 말하듯이 영혼이 끊임없이 솟아올라 앞으로 나아갈 때 힘
차고 새로운 삶을 살 수 있다. 제도와 이론이 완벽할수록 정신
은 쇠퇴하고 영혼은 나약해지기 쉽다. 속에서 자기를 불태우고
내적 쇄신과 자기초월이 일어날 때 독수리처럼 솟아오르는, 늘
새롭고 젊은 삶을 살 수 있다.

독점과 특권을 버리고 정신이 솟아오르는 사람이 민주화와
공동체와 세계화를 이루는 주체가 될 수 있다. 하늘과 땅 사이
에 곧게 선 사람이 하늘과 땅과 사람을 하나로 만들고, 민주와
공동체의 대동세계를 가져올 수 있다. 하늘과 땅의 주인으로
우뚝 선 사람은 세계를 하나로 만드는 사명을 지니고 있다. 사
람은 하나의 세계를 품은 존재이고 하나의 세계로 나가는 존재
다. 씨올이 품은 하나의 세계는 나와 너와 그가 주체로서 하나
로 될 수 있는 세계다. 씨올은 속에서 하나의 세계를 이루어 가
지고, 하나의 세계로 나아간다. 씨올의 삶을 통해 세계화가 이
루어진다. 세계화는 씨올의 마음과 삶에서 솟아나고 싹 트는 것

이다.

씨올의 세계화는 씨올의 구체적인 삶과 삶의 현장에서부터 이루어져야 한다. 씨올의 몸과 맘이 세계의 평화와 통일을 향해 열려 있어야 한다. 숨을 바로 쉬고 맘이 편하고 얼이 솟아오르는 사람만이 세계평화와 통일을 원하고 추구할 수 있다. 씨올은 자신의 삶과 삶의 터전에서부터 세계화를 추구해야 한다. 씨올이 있는 자리에서 세계화를 향한 평화와 통일의 꿈틀거림이 일어나야 한다. 평화와 통일의 생명 꽃이 피어야 한다. 그리고 지역을 중심으로 평화와 통일의 운동이 일어나야 한다.

씨올의 세계화는 씨올의 조직과 연대를 확장함으로써 이루어진다. 씨올에게는 국경도 없고 민족의 표지도 없다. 씨올은 국경을 넘고 민족의 벽을 넘어 세계를 하나로 만드는 운동을 일으킨다. 세계를 하나로 만드는 씨올의 생명운동도 조직화하고 자유로운 연대의 그물망으로 이어져야 한다. 생명과 정신에 대한 깊은 통찰과 세계를 하나로 끌어안는 비전을 가질 때 씨올의 세계화가 진전된다. 정의와 평화를 추구하는 모든 정치종교사회조직이 씨올정신과 사상을 가지고 새 세계를 열어갈 때 비로소 세계통일을 실현하는 새 문명이 시작될 것이다.

●
마치는 글 _ 사람 속에 길이 있다

포식자이며 파괴자였던 파충류인 공룡의 끄트머리 자손이 뱀이다. 뱀은 먹고 살자는 생존본능과 목적에 충실하게 진화한 동물이다. 먹고 살아남기 위해서 뱀은 필요하지 않다고 생각되는 몸의 모든 요소들을 없애 버렸다. 팔과 다리, 눈과 귀와 코도 없애고 입만 크게 만들고 날카로운 이빨과 독을 품게 되었다. 먹이를 잡아먹고 몸을 잘 숨길 수 있도록 진화한 것이다. 뱀은 먹이를 찾고 몸을 숨기기 위해서 땅바닥을 구불구불 기어다닌다.

사람은 뱀과는 정반대의 길로 진화했다. 사람은 하늘을 향해 곧게 서서 사는 존재가 되었다. 하늘을 향해 곧게 서면 적에게서 쉽게 공격을 받을 수 있다. 생존의 위험을 무릅쓰고 하늘을 향해 곧게 일어섬으로써 사람은 팔과 다리를 섬세하게 발달시키고 눈과 귀와 코를 발달시켰다. 손톱과 발톱은 약하고 부드러워지고 이는 작고 뭉툭해졌다. 눈은 맑고 투명해지고 생각하고 말함으로써 사람은 속마음을 표현하고 소통하고 사귀는 존재가 되었고 협력하고 협동하는 존재가 되었다. 사람은 상생과 평화, 사귐과 협동을 위해 준비된 동물이다. 사람을 나타내는 한자 '人'은 서로 의지하고 버팀목이 되어 주고 협력하는 것이 인간의 길임을 보여 준다.

성경에서 아담과 하와가 뱀의 꾀임을 받아 선악과를 따먹고 타락했다는 이야기는 사람이 사람의 길로 가지 않고 뱀을 따라서 뱀의 길로 가게 되었다는 것을 뜻한다. 사람은 생존의 위험을 무릅쓰고 하늘에 머리를 두고 서로 소통하고 사귀는 삶을 살도록 진화된 존재다. 사람의 몸은 예술적 감성을 표현하도록 섬세하게 진화되었다. 생각하고 말하는 이성과 고귀한 영성을 지닌 사람은 서로 주체로서 사귀며 서로 살리고 협동하는 삶을 살도록 진화된 존재다. 뱀처럼 먹고 생존할 목적을 위해서만 진화된 존재가 아니다.

사람이 사람답게 살고 서로 주체로서 상생과 평화의 사회를 이루려면 하늘을 향해 곧게 일어서야 한다. 사람의 몸이 하늘을 향해 곧게 서는 존재로 진화한 것은 몸과 마음을 곧게 해서 주체로 살도록 진화한 것이다. 사람이 머리를 숙이고 몸을 구부리는 것은 땅의 물질과 그 유혹에 굴복하는 것이다. 이성과 영성을 가진 인간이 물질과 물질의 힘에 굴복하는 것은 우상숭배다. 사람은 하늘에 머리를 두고 곧게 서서 살아야 한다.

유영모는 사람을 '하늘을 향해 솟아올라 앞으로 나아가는 존재'로 보았다. 사람은 땅을 딛고 솟아올라 앞으로 나아가는 존재다. 솟아올라 앞으로 나아감으로써 사람다운 사람이 되고 자유로운 주체가 되어 서로 사귀며 평화로운 사회를 이룰 수 있다. 함석헌도 사람이 하늘과 땅 사이에 곧게 서는 존재임을 강조했으며 "눕는 것보다는 앉는 것이 낫고 앉는 것보다는 일어서는 것이 낫다" 했다. 사람은 하늘을 향해 곧게 일어서야 감성과 이성과 영성을 실현하고 서로 주체로서 서로 돕고 살리는 공동체를 이룰 수 있다.

오랜 생명진화 끝에 사람은 하늘을 향해 곧게 일어섬으로써 사람이 되었다. 하늘을 그리워하며 하늘을 향해 일어선 사람의 몸과 맘속에는 하늘이 열렸고 사람은 하늘을 품고 하늘을 모신 존재가 되었다. 하늘이 열림으로써 사람은 지성과 영성을 본성으로 지니게 되었다. 사람인 나의 몸과 맘속에는 파충류와 포유류도 있고 하늘의 맑은 지성과 높은 영성도 깃들게 되었다.

생명의 길, 사람의 길을 가려면 나의 몸과 맘속에서 땅을 박차고 하늘로 솟아올라 앞으로 나아가야 한다. 몸의 물질적 욕망과 본능에 매인 나를 하늘의 허공에 놓아 버림으로써 나를 부정하고 비우고 죽임으로써 주체의 깊이와 자유에서 전체의 하나 됨으로 나아가야 한다. 생명진화와 인류역사를 돌이켜 보면 생명은 언제나 실패와 패배, 절망과 죽음을 통해서 생명과 인간의 길을 열어 왔다. 물질적 욕망과 편견을 깨트리고 버림으로써 낡은 자아를 비우고 죽임으로써만 솟아올라 앞으로 나아가는 길이 열린 것이다.

생명의 씨올은 스스로 깨지고 죽지 않고는 새 생명의 꽃과 열매를 맺지 못하고 인간은 죽음의 바다를 건너지 않고는 참 사람이 되어 하늘의 영원한 생명에 이를 수 없다. 개체의 죽음을 딛고 전체 생명은 진화와 향상의 길을 걸을 수 있었고 씨올이 깨지고 죽음으로써만 생명은 꽃피고 열매를 맺을 수 있었다. 생명은 자기를 비우고 버리고 죽임으로써만 하늘에 이르는 길로 나아갈 수 있었다. 안전하고 든든한 땅을 박차고 솟아올라 앞으로 나아가는 길만이 자유와 평등의 세계로 나아가고 세계의 정의와 평화에 이를 수 있다.

속에 하늘을 품은 사람은 주체와 전체의 자리에서 물건과 생명과 사람을 볼 수 있다. 하늘의 주체와 전체의 자리에서 보고 느끼고 생각할 때 물건과 일, 생명과 사람을 주체와 전체로 실현하고 완성할 수 있다. 하늘의 심정과 처지에서 보면 몹쓸 사람은 아무도 없고 쓸모없는 물건은 하나도 없다. 쓰레기 조각 하나도 그 존재의 깊이와 전체의 맥락에서 보면 값과 뜻이 있고 아름다울 수 있다. 지성과 영성을 가진 사람은 우주만물과 자연생명과 인간에게서 주체와 전체를 보고 존재와 생명의 깊이와 신비, 아름다움과 존엄을 보고 느끼고 드러내고 표현하고 찬미하고 실현한다.

주

머리글

1) 박문호, 《뇌, 생각의 출현》, 휴머니스트, 2008. 59~60쪽.

1장 한국 현대사와 씨올사상

1) 이기백, 《한국사신론》, 개정판, 일조각, 1985. 353쪽.

2장 씨올사상의 형성

1) 이기백, 《한국사신론》, 개정판, 일조각, 1985. 400쪽.

2) 김기석, 《남강 이승훈》, 한국학술정보(주), 2005. 86쪽.

3) 지명관, "도산의 생애와 사상", 안창호, 《나의 사랑하는 젊은이들에게》, 279~280쪽.

4) 김기석, 《남강 이승훈》, 한국학술정보(주), 2005. 174, 188쪽

5) 김기석, 《남강 이승훈》, 한국학술정보(주), 2005. 319쪽.

6) 김기석, 《남강 이승훈》, 한국학술정보(주), 2005. 288~289쪽.

7) 김기석, 《남강 이승훈》, 한국학술정보(주), 2005. 서문과 35쪽 이하 참조.

8) 김기석, 《남강 이승훈》, 한국학술정보(주), 2005. 353~360쪽. 162쪽.

9) 같은 책, 230, 231, 236쪽.

10) 함석헌, "남강·도산·고당", 《함석헌 전집 4》, 한길사, 1983. 159쪽.

11) 유영모, "제자 함석헌을 말한다", 《올다이제스트》, 1964년 12월 호. 다석일지(영인본) 상, 688쪽.

12) 그는 《대학》의 중요한 본문 "大學之道 在明明德 在親民 在止於至善"을 "한 배움 길은 밝은 속알 밝힘에 있으며, 씨올 어뵘에 있으며 된 데 머묾에 있느니라"라고 풀이했다. 함석헌, "씨올", 《함석헌 전집 14》, 한길사, 1985. 323쪽.

13) 《함석헌 전집 1》, 한길사, 1983. 48~49쪽. "사랑의 빛", 《함석헌 전집 8》, 379쪽. "대중과 종교", 《함석헌 전집 3》, 251쪽. "내가 맞은 8·15", 《함석헌 전집 4》, 251쪽. "80년대 민족통일의 꿈을 그려 본다", 《함석헌 전집 12》, 43쪽.

14) 《함석헌 전집 9》, 285~286쪽.

15) 함석헌, "새 삶의 길", 《함석헌 전집 2》, 209쪽.

3장 씨올과 씨올사상

1) 함석헌, 〈인간혁명〉, 《함석헌 전집 2》, 90~92쪽.

4장 씨올사상의 핵심: 생명진화와 천지인 합일

1) 박영호, 《진리의 사람 다석 류영모》(下), 두레, 2001. 84~85쪽.

5장 씨올: 주체와 전체의 일치

1) 1956년 1월 17일 다석일지. 《다석일지공부 1》. 315~317쪽.

2) 함석헌, 〈씨올의 설움〉, 《함석헌전집 4》, 57쪽.

3) 함석헌, 《뜻으로 본 한국역사》, 한길사, 1983. 21쪽.

4) 유영모, "빛", 《다석일지》(영인본) 상, 855쪽.

5) 유영모, 《다석강의》, 현암사, 2006. 250, 237쪽.

6) 함석헌은 〈사상계〉 1958년 8월호에 '생각하는 백성이라야 산다'는 글을 썼고 이 글로 옥고를 치르기도 했다. 《함석헌선생추모문집》, 18쪽 참조. 함석헌, "생각하는 백성이라야 산다", 《함석헌 전집 14》, 114~116쪽.

7) 유영모, 〈정(2)〉, 《다석일지》(영인본) 상, 김홍호 편. 740쪽.

6장 씨올의 삶과 세계 평화

1) 《함석헌 전집 8》, 110쪽.

2) 함석헌, 〈세계구원과 양심의 자유〉, 《함석헌 전집 9》, 293쪽.

3) 허신행 전 농림수산부 장관은 인터넷을 비롯한 통신기술 혁명으로 오늘 인류는 한 몸임을 깨닫는 '한 몸 정각(正覺) 사회'로 들어가고 있으며 세계 평화 시대의 새 문명이 다가오고 있다고 하였다. "자본주의 산업사회 이후 새로운 한 몸 사회와 세계 중심국론", 재단법인 씨올 발행 《씨올》, 2011년 봄, 통권 제14호. 36쪽 이하 참조.

7장 씨올과 세계 통일

1) 함석헌, "정치와 종교", 《함석헌 전집 3》, 301쪽.

8장 씨올과 섬김의 지도력

1) 김기석, 《남강 이승훈》, 한국학술정보, 2005. 174, 188쪽.

2) 함석헌, "80년대의 민족통일의 꿈을 그려 본다", 《함석헌 전집 12》, 48쪽.

3) 함석헌, "민중과 새 역사의 지평", 〈씨올의 소리〉, 1989년 6월호, 96쪽. 이 글은 1983년 2월의 강연 내용이다.

9장 기축(基軸)시대의 영성과 씨올의 새 종교

1) 박재순,《다석 유영모》, 현암사, 2008. 165쪽 이하.

2)《함석헌 전집 9》, 369~370쪽.

3) 이 논의에 대해서는 박재순,《다석 유영모》, 현암사, 2008. 362쪽 이하 참조.

생명의 길, 사람의 길

The Way of Life,
The Way of Human Being

2015. 11. 13. 초판 1쇄 인쇄
2015. 11. 20. 초판 1쇄 발행

지은이 박재순
펴낸이 정애주
국효숙 김기민 김의연 김일영 김준표 박세정
박혜민 송승호 오민택 오형탁 윤진숙 이한별
임승철 조주영 차길환 한미영 허은
펴낸곳 주식회사 홍성사
등록번호 제1-449호 1977. 8. 1.
주소 (04084) 서울시 마포구 양화진4길 3
전화 02) 333-5161
팩스 02) 333-5165
홈페이지 www.hsbooks.com
이메일 hsbooks@hsbooks.com
트위터 twitter.com/hongsungsa
페이스북 facebook.com/hongsungsa
양화진책방 02) 333-5163

ISBN 978-89-365-1126-5 (03230)